"十四五"职业教育国家规划教材

ERP沙盘模拟实验指导书

(第4版)

主　编　舒　曼
副主编　于晓蕾　章　懿　李佳颖
　　　　陈秀秀　涂思思

南京大学出版社

图书在版编目(CIP)数据

ERP 沙盘模拟实验指导书 / 舒曼主编. —4 版. 南京：南京大学出版社，2025.5.— ISBN 978 - 7 - 305 - 29227 - 9

Ⅰ. F272.7

中国国家版本馆 CIP 数据核字第 20253DE778 号

出版发行	南京大学出版社		
社　　址	南京市汉口路 22 号	邮　编	210093

书　　名　**ERP 沙盘模拟实验指导书**
　　　　　ERP SHAPAN MONI SHIYAN ZHIDAOSHU
主　　编　舒　曼
责任编辑　武　坦　　　　　　　　编辑热线　025 - 83592315
照　　排　南京开卷文化传媒有限公司
印　　刷　南通印刷总厂有限公司
开　　本　787 mm×1092 mm　1/16　印张 13　字数 333 千
版　　次　2025 年 5 月第 4 版　2025 年 5 月第 1 次印刷
ISBN　978 - 7 - 305 - 29227 - 9
定　　价　39.80 元

网　　址：http://www.njupco.com
官方微博：http://weibo.com/njupco
微信服务号：njuyuexue
销售咨询热线：(025)83594756

* 版权所有，侵权必究
* 凡购买南大版图书，如有印装质量问题，请与所购
　图书销售部门联系调换

内 容 简 介

本书以用友数智企业经营管理沙盘为实训软件，以 ERP 沙盘模拟课程为主体，通过将企业真实的内部经营环境与外部竞争环境抽象为虚拟企业市场运营规则，通过角色扮演、情景模拟，体验在虚拟的市场竞争中资源有限的情况下，合理组织生产，经历企业的创建和经营管理过程。

全书共分为 5 个项目，分别从 ERP 与企业经营沙盘模拟、模拟企业经营知识准备、模拟企业经营管理操作、熟悉模拟企业与市场经营规则、企业经营评价等角度进行编写，并提供了数智企业经营岗位实战记录和实验报告范本。本书基于职业成长与认知规律，立足于企业经营过程中所需基本能力，针对企业运营基本核心技能精选教材内容，设立岗位角色，构建项目任务，流程化操作，步骤清晰，实用性、可操作性强，促进学生创业能力和创业意识等综合素质的培养。

本书可作为高等教育各类院校开设 ERP 沙盘实训课程的教材或参考书，也可作为企业中高级管理人员培训用书。

前 言

党的二十大提出推进职普融通、产教融合、科教融汇，优化职业教育类型定位。国务院办公厅《关于深化高等学校创新创业教育改革的实施意见》（国办发〔2015〕36号）指出树立先进的创新创业教育理念，结合专业强化实践，促进学生全面发展。提出实施高等职业教育专业教学标准创新创业教育目标要求，增强学生的创新精神、创业意识和创新创业能力。

教育部关于印发《国家级大学生创新创业训练计划管理办法》的通知（教高函〔2019〕13号）提出坚持以学生为中心的理念，遵循"兴趣驱动、自主实践、重在过程"原则，推动高校创新创业教育教学改革，强化学生创新创业实践，培养大学生独立思考、善于质疑、勇于创新的探索精神和敢闯会创的意志品格，提升大学生创新创业能力，培养适应创新型国家建设需要的高水平创新创业人才。

契合培育数智时代创新型人才的需求，用友新道科技有限公司基于企业数智化转型的核心能力需求，研发了数智企业经营管理沙盘软件，对企业模拟经营系统进行全面升级重构。本书依托用友数智企业经营管理沙盘平台，数智企业的经营管理流程及决策为核心，帮助读者对数字化变革背景下企业创业中重点岗位角色的关键任务进行系统清晰的掌握，方便读者从理论到实践系统地学习。本书以"场景驱动、数据赋能、智能决策"为理念，促进数字化背景下创业能力和创业意识等综合素质的提升，培养符合数字经济时代需求的复合型创新创业人才。

本书特色如下：

1. 探索课程思政特色的实现，落实立德树人根本任务。

本书以习近平新时代中国特色社会主义思想为指导，坚持正确的政治方向和价值取向，深刻领会党的二十大主题，将党的二十大精神融入各个项目教学工作中，培养学生自信自强、守正创新精神，培养自觉守法、绿色发展意识。通过知识目标、能力目标、思政目标三维学习目标的构建，围绕立德树人根本任务，深入挖掘ERP沙盘模拟课程所蕴含的思想政治教育元素，强调经营中遵纪守法、爱岗敬业和诚信经营意识。学生通过岗位角色实践，体验各岗位任务之间既分工又协作的关系，树立全局观念与团队合作精神。明确工作职责，培养在激烈的市场竞争中坚持到底的职业精神、工匠精神和创新精神，扎扎实实培养"德技并修"的技能型人才。系统地实现知识体系与价值体系的双规并建，充分体现社会主义核心价值观的内涵。

2. 教材设计科学合理，遵循职业技能型人才成长的规律。

基于职业成长与认知规律，内容由浅入深，针对制造业企业运营基本核心技能精选内容，以岗位角色带入，有效激发学生学习兴趣和创新潜能。对接岗位能力要求，以典型工作任务为载体，构建项目任务，流程化操作，为学习者提供理解和掌握数智化企业管理方法的平台。新版中，对原有教材的结构进行了调整，更新了案例，更符合 ERP 沙盘学习规律，根据数智企业经营管理沙盘需要重新编写了数智经营岗位实战记录。进一步突出实战记录中各岗位工作要点，力求实践与理论相结合，符合职业教育认知规律。

3. 校企双元开发，内容设计突出岗课赛融通。

本书由校企双元合作开发，为国家数智财经行业产教融合共同体开发教材。主编舒曼具有多年的企业工作经历，副主编于晓蕾为新道科技股份有限公司辽宁分公司总经理。在教材编写中，编者广泛听取行业、企业专家建议，以"便于教，易于学，实用、好用"为原则，力求针对高等职业教育生源特点、职业大赛及岗位需求编写，培养全国职业院校技能大赛高职组沙盘模拟企业经营职业技能大赛所需技能，促进"以赛带训""以赛带学"。侧重于培养学生的分析能力、实践能力、综合应用能力和创新能力。紧扣岗位群实际需要，力求同高等职业教育培养目标一致。

4. 以任务为导向，实战流程步骤清晰，可操作性强。

本书以项目任务为导向，体系合理，任务明确。设置岗位情境，岗位职责明确，在项目任务实现的过程中培养学生的职业精神、工匠精神、创新精神。模拟实战流程步骤清晰，可操作性强。实战记录岗位工作要点明确，指引性强。数智企业经营岗位实战记录集中放在书的后半部分，突出各模拟岗位的工作要点，其流程步骤清晰，便于学生在模拟实战经营中直接记录与分析，可以直接作为工作手册使用，可作为实战成果提交，使用方便。

5. 建设数字化教学资源，满足"互联网＋职业教育"发展需求。

本书同步开发了课程标准、微课、课件等类型丰富的数字化教学资源，扫描扉页二维码可以下载相关的优质教学资源，扫描正文中的二维码可以学习重要知识点、技能点对应的微课、案例和知识拓展材料。

本书由抚顺职业技术学院舒曼担任主编，新道科技股份有限公司辽宁分公司总经理于晓蕾、长沙商贸旅游职业技术学院章懿、广州南洋理工职业学院李佳颖、江苏财经职业技术学院陈秀秀、长沙商贸旅游职业技术学院涂思思担任副主编。具体分工如下：舒曼主要负责项目二任务五、项目三、项目四、项目五任务四及数智企业经营岗位实战记录的编写，于晓蕾、章懿、李佳颖、陈秀秀、涂思思共同参与了其他内容的编写。舒曼负责全书的统稿、定稿。

在写作过程中，我们还借鉴和参阅了其他相关 ERP 沙盘模拟课程的教材，在此对其他教材的作者表示感谢。由于编写时间和编者水平有限，疏漏之处在所难免，敬请读者批评指正。

编　者

2025 年 3 月

目　录

项目一　ERP 与企业经营沙盘模拟 ………………………………………………… 1

　　任务一　企业经营管理认知 …………………………………………………… 2
　　任务二　了解 ERP 企业资源规划 ……………………………………………… 4
　　任务三　ERP 沙盘模拟企业经营决策 ………………………………………… 15

项目二　模拟企业经营知识准备 …………………………………………………… 20

　　任务一　企业战略管理 ………………………………………………………… 22
　　任务二　企业财务管理 ………………………………………………………… 32
　　任务三　生产运作管理 ………………………………………………………… 39
　　任务四　市场营销管理 ………………………………………………………… 51
　　任务五　人力资源管理 ………………………………………………………… 62
　　任务六　竞争情报分析 ………………………………………………………… 76

项目三　模拟企业经营管理操作 …………………………………………………… 86

　　任务一　数智企业经营管理沙盘界面操作 …………………………………… 87
　　任务二　"引导年"任务 ……………………………………………………… 114

项目四　熟悉模拟企业与市场经营规则 …………………………………………… 118

　　任务一　熟悉模拟企业 ………………………………………………………… 119
　　任务二　数智企业经营管理沙盘模拟岗位操作规则 ………………………… 120

项目五　企业经营评价 ··· 135

任务一　市场占有率分析 ··· 136
任务二　通过财务看经营 ··· 138
任务三　企业综合评价 ··· 148
任务四　模拟企业经营成果评价 ··· 149

附录　数智企业经营岗位实战记录 ··· 152

实战记录 A　CEO 实战记录 ··· 152
实战记录 B　财务总监实战记录 ··· 161
实战记录 C　人力总监实战记录 ··· 178
实战记录 D　生产总监实战记录 ··· 186
实战记录 E　营销总监实战记录 ··· 193
ERP 沙盘模拟实验报告范本 ··· 196

参考文献 ··· 199

项目一
ERP 与企业经营沙盘模拟

知识目标
- 了解企业的概念，认知企业经营管理。
- 了解 ERP 系统与 ERP 企业资源规划发展历程。
- 理解学习 ERP 沙盘模拟企业经营决策的知识范围。

技能目标
- 理解企业的社会责任。
- 理解 ERP 企业资源规划原理与构成。
- 掌握 ERP 沙盘模拟企业经营决策的价值。

思政目标
- 熟悉与企业经营相关的法律法规，树立企业经营中的守法意识。
- 培养爱国敬业的职业情操，能够在企业经营中坚持科学的价值观和道德观。

思维导图

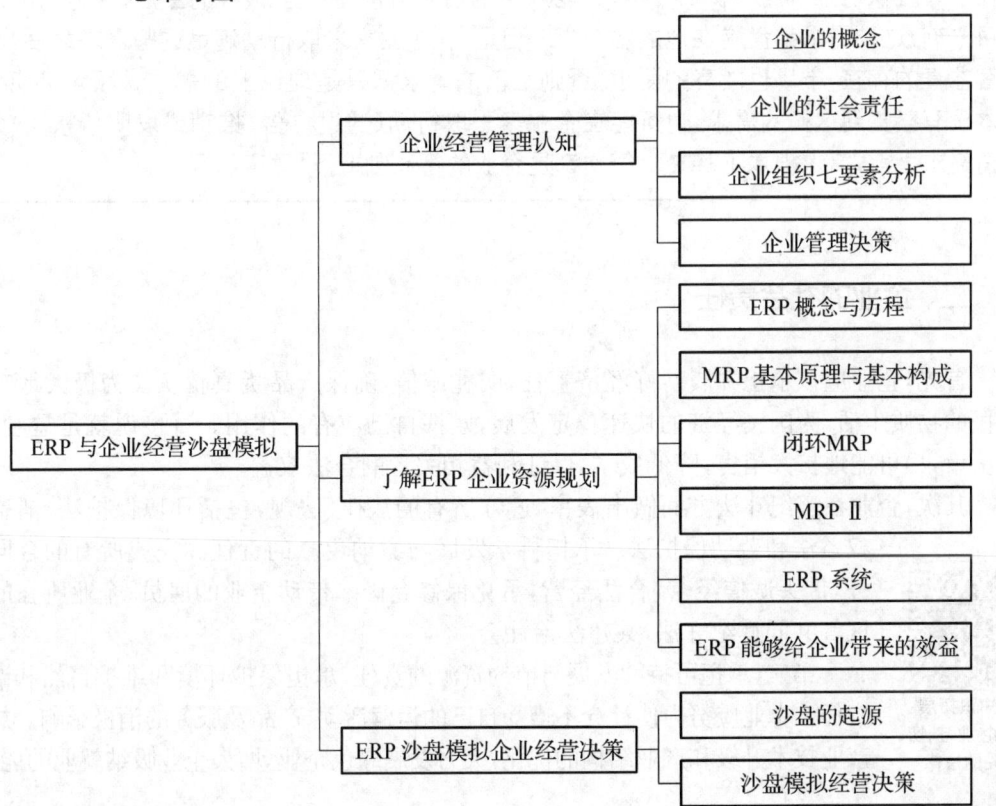

```
                                    ┌── 企业的概念
                                    ├── 企业的社会责任
                    企业经营管理认知 ─┤
                                    ├── 企业组织七要素分析
                                    └── 企业管理决策

                                    ┌── ERP 概念与历程
                                    ├── MRP 基本原理与基本构成
ERP 与企业经营沙盘模拟 ─ 了解ERP 企业资源规划 ─┼── 闭环MRP
                                    ├── MRP Ⅱ
                                    ├── ERP 系统
                                    └── ERP 能够给企业带来的效益

                                    ┌── 沙盘的起源
                    ERP 沙盘模拟企业经营决策 ─┤
                                    └── 沙盘模拟经营决策
```

任务一　企业经营管理认知

一、企业的概念

什么是企业？国内外至今还没有一个统一的表述。一般认为，企业是依法设立的以营利为目的，从事商品生产经营和服务活动的独立核算的经济组织。

通常，一个企业要具备以下要素：拥有一定数量的资金和一定技术水平的生产设备；拥有开展经营活动的场所；具有一定技能、一定数量的生产者和管理者；从事商品的生产、流通等经济活动；自主经营、独立核算，具有法人地位。企业生产经营活动的目的是获取利润。

> **知识链接**
>
> 关于企业经营活动的目的究竟是什么，"财务管理"等课程中已有很多论述。著名管理学大师彼得·德鲁克有这样的论述："……关于企业的目的，只有一个正确有效的定义——'创造顾客'。市场不是由上帝、大自然或经济力量创造的，而是由企业家创造的。企业家必须设法满足顾客的需求，而在他们满足顾客需求之前，顾客也需要感觉到这种需求。就像饥荒时渴求食物一样，不能满足的需求可能主宰了顾客的生活，在他清醒的每一刻，这种需求都盘旋在他的脑海中。但是，在企业家采取行动满足这些需求之后，顾客才真的存在，市场也才真的诞生，否则之前的需求都只是理论上的需求。顾客可能根本没有察觉到这样的需求，也可能在企业家采取行动（通过广告、推销或发明新东西）创造需求之前，需求根本不存在。每次都是企业的行动创造了'顾客'。"

二、企业的社会责任

首先，企业应该承担并履行好经济责任，明礼诚信，确保产品货真价实。为极大地丰富人民的物质生活，为国民经济的快速稳定发展，发挥自己应有的作用。直接说就是盈利，正确决策，尽可能地扩大销售，降低成本，保证利益相关者的合法权益。

其次，企业在遵纪守法方面做出表率，遵守所有的法律、法规，包括环境保护法、消费者权益法和劳动保护法。承担科学发展与缴纳税款的责任。完成所有的合同义务，带头诚信经营，合法经营，承兑保修允诺。带动企业的雇员、企业所在的社区等共同遵纪守法，共建法治社会。

第三，承担可持续发展与节约资源的责任，承担保护环境和维护自然和谐的责任。企业应努力使社会不遭受自己的运营活动、产品及服务的消极影响。加速产业技术升级和产业结构的优化，大力发展绿色企业，增大企业吸纳就业的能力，

☞ 知识拓展：
与企业密切
相关的法律

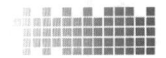

为环境保护和社会安定尽职尽责。

三、企业组织七要素分析

企业组织七要素分析法是麦肯锡顾问公司研究中心设计的,它通过总结一些成功企业的共同特点,给出了企业组织七要素模型,又称 7S 模型,如图 1-1 所示。该模型指出企业在发展过程中必须全面地考虑各方面的情况,包括结构(Structure)、制度(System)、风格(Style)、人员(Staff)、技能(Skill)、战略(Strategy)和共同价值观(Shared Value)。其中结构、制度和战略被认为是企业成功经营的"硬件",风格、人员、技能和共同价值观被认为是企业成功经营的"软件"。

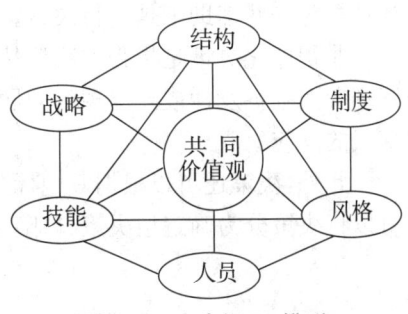

图 1-1 麦肯锡 7S 模型

四、企业管理决策

巴纳德最早在组织的研究中正式提出了决策的概念:"个人的行为从原则上可以分为有意识的、经过计算和思考的行为,以及无意识的、自动的、反应的、由现在或过去的内外情况产生的行为。一般来讲,前面一类行为的先导过程,不管是什么过程,最后都可以归结为'决策'。同时,与决策有关的显然有两点:要达到的目的和采用的方法。"西蒙则明确指出,决策的特征是"在任何时候,都存在着大量(实际)可能的备选方案,一个人可能选取其中任何一个方案。通过某种过程,这些大量的备选方案,被缩减为实际采用的一个方案了"。

☞知识拓展:企业环境

(一)决策的概念

决策是指为了达到一定的目标,提出解决问题和实现目标的各种可行方案,依据评定准则和标准,在多种备选方案中选择一个方案进行分析、判断并付诸实施的管理过程。

(二)决策的种类

依据各种不同的划分标准,决策可以分为多种类型。

(1)战略决策、管理决策与业务决策。战略决策是指对涉及组织目标、战略规划的重大事项进行的决策活动,是对有关组织全局性的、长期性的,关系到组织生存和发展的根本问题进行的决策,具有全局性、长期性和战略性的特点。在沙盘模拟经营决策中,市场的开拓、新产品的研发、生产能力的扩展等方面的决策属于战略决策。

管理决策是指对组织的人力、物力、信息、财力资源进行合理配置,以及对组织机构加以改变的决策。这种决策具有局部性、中期性与战术性的特点,是管理中的主要决策。管理决策必须纳入战略决策的轨道,为组织实现战略目标服务。在沙盘模拟经营决策中,资金分配、年度广告投放等属于管理决策。

业务决策涉及组织中的一般管理,属于处理日常业务的具体决策活动,具有烦琐性、短期性和日常性等特点。在沙盘模拟经营决策中,材料采购、生产线的安排等属于业务决策。

(2) 程序化决策与非程序化决策。程序化决策是指能够运用常规的方法解决重复性问题以达到目标的决策。程序化决策使管理工作趋于简化和便利,可降低管理成本,简化决策过程,缩短决策时间,也使方案的执行较为容易。同时,程序化决策的特点决定了可以使用计算机等一些辅助工具进行决策。

非程序化决策是指为解决偶然出现的、一次性或很少重复发生的问题做出的决策。当管理者面临突发性或新出现的问题时,并没有经验性、常规性的解决方法可循,需要一种应变式的反应。

此外,决策还可以根据其他标准进行分类。例如,根据能否预知未来的各种环境条件,可以将决策分为确定型决策、风险型决策和不确定型决策等。

任务二 了解 ERP 企业资源规划

一、引子

在全球竞争激烈的市场环境中,无论是流程式还是离散式,制造企业无论是单件生产、多品种小批量生产、少品种重复生产,还是标准产品大量生产,企业内部管理都可能遇到以下一些问题:企业可能拥有卓越的销售人员推销产品,但是生产线上的工人没有办法如期交货,车间管理人员则抱怨采购部门没有及时供应所需要的原料;实际上,采购部门的效率过高,仓库里囤积的某些材料可能 10 年都用不完,仓库库位饱和,资金周转缓慢;许多公司要用 6～13 周的时间才能计算出所需要的物料量,所以订货周期只能为 6～13 周;财务部门不信赖仓库部门的数据,不以它来计算制造成本;等等。

以上诸多情况是很多企业目前所面临的一个严峻的问题。针对这一现象,我们又能有什么有效的办法来解决呢?

二、ERP 的概念与历程

(一) ERP 的概念

ERP(Enterprise Resource Planning,企业资源计划系统),是指建立在信息技术基础上,以系统化的管理思想,为企业决策层及员工提供决策运行手段的管理平台。ERP 系统集中信息技术与先进的管理思想于一身,成为现代企业的运行模式,反映时代对企业合理调配资源、最大化地创造社会财富的要求,成为企业在信息时代生存和发展的基石。

下面从管理思想、软件产品、管理系统 3 个层次给出它的定义:

(1) 它是由美国著名的计算机技术咨询和评估集团 Garter Group Inc.提出的一整套企业管理系统体系标准,其实质是在 MRP Ⅱ (Manufacturing Resources Planning,制造资源计划)基础上进一步发展而成的面向供应链(Supply Chain)的管理思想。

(2) 它是综合应用了客户/服务器体系、关系数据库结构、面向对象技术、图形用户界面、第四代语言(4GL)、网络通信等信息产业成果,以 ERP 管理思想为灵魂的软件产品。

(3) 它是集企业管理理念、业务流程、基础数据、人力和物力、计算机硬件和软件于一体的企业资源管理系统。

ERP 的作用及其与企业资源、信息技术的关系可以表述如下:

(1) 企业资源与 ERP。厂房、生产线、加工设备、检测设备、运输工具等都是企业的硬件资源,人力、管理、信誉、融资能力、组织结构、员工的劳动热情等都是企业的软件资源。企业在运行发展中,这些资源相互作用,形成企业开展生产活动、完成客户订单、创造社会财富、实现企业价值的基础,反映企业在竞争发展中的地位。

ERP 系统的管理对象便是上述各种资源及生产要素。通过 ERP 的使用,企业能及时、高质量地完成客户的订单,最大限度地发挥这些资源的作用,并根据客户订单及生产状况做出调整资源的决策。

(2) 调整运用企业资源。企业发展的重要标志是合理调整和运用上述资源。在没有 ERP 这样的现代化管理工具时,管理层对企业资源状况及调整方向不清楚,要做出调整安排是很困难的,并且调整过程会比较漫长,企业的组织结构只能是金字塔形的,部门间的协作交流相对较弱,资源的运行难以把握和调整。针对企业资源管理而设计的 ERP 系统,其成功推行的结果必然是企业能更好地运用资源。

(3) 信息技术对资源管理的作用。计算机技术特别是数据库技术的发展为企业建立管理信息系统,甚至对改变管理思想起着不可估量的作用。管理思想的发展与信息技术的发展是互为因果的关系。实践证明,信息技术在企业的管理层面扮演着重要的角色。

(二) ERP 理论的形成阶段

信息技术最初在管理上的运用,是十分简单的,主要是记录一些数据,方便查询和汇总;如今,它已发展成建立在全球 Internet 上的跨国家、跨企业的运行体系。ERP 理论的发展粗略地可分为以下几个阶段,如图 1-2 所示。

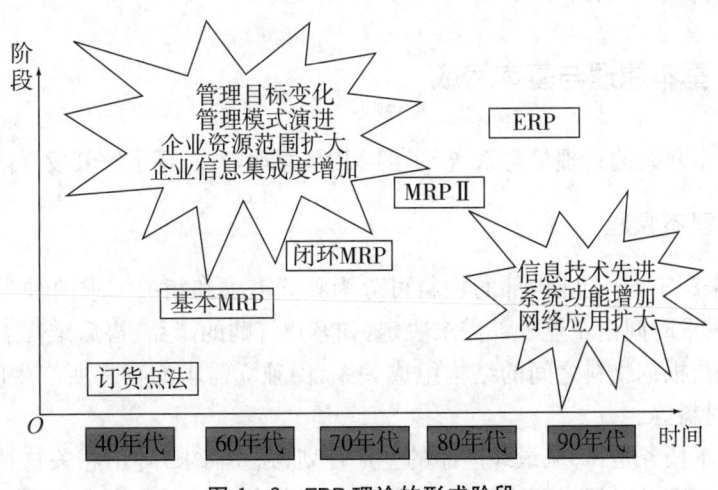

图 1-2 ERP 理论的形成阶段

1. 库存订货点理论

20 世纪 40 年代初期,西方经济学家通过对库存物料随时间推移而被使用和消耗的规律的研究,提出了订货点的方法和理论。当时计算机系统还没有出现,企业控制物料的需求通常采用控制库存物品数量的方法,为需求的每种物料设置一个最大库存量和安全库存量。

2. MRP(Material Require Planning)阶段

企业信息管理系统对产品的构成进行管理,借助系统及计算机的运算能力对客户订单、在库物料、产品构成进行管理,实现依据客户订单,按照产品结构清单展开并计算物料需求计划,达到减少库存、优化库存的管理目标。

3. MRP Ⅱ 阶段

在 MRP 管理系统的基础上,增加了对企业生产中心、加工工时、生产能力等方面的管理,以实现利用计算机进行生产排程的功能,同时也将财务的功能囊括进来,在企业中形成以计算机为核心的闭环管理系统。这种管理系统已能动态监察到产、供、销的全部过程。

4. ERP 阶段

进入 ERP 阶段后,以计算机为核心的企业级的管理系统更为成熟,又增加了包括财务预测、生产能力调整、资源调度等方面的功能。配合企业实现准时化采购管理、全面质量管理和生产资源调度管理及辅助决策的功能,成为企业进行生产管理及决策的平台工具。

5. 电子商务时代的 ERP

Internet 技术的成熟为企业信息管理系统增强了与客户或供应商实现信息共享和直接的数据交换的能力,从而强化了企业间的联系,形成共同发展的生存链,实现整个供应链的管理。ERP 系统相应实现这方面的功能,使决策者及业务部门实现跨企业的协作。

综上所述,ERP 的应用的确可以有效地促进现有企业管理的现代化、科学化,适应竞争日益激烈的市场要求。它的导入,已经成为大势所趋。

三、MRP 基本原理与基本构成

MRP 是一个复杂的管理信息系统,了解 MRP 原理,首先要了解其发展阶段。

(一) MRP 基本原理

按需求的来源不同,企业内部的物料可分为独立需求和相关需求两种类型。独立需求是指需求量和需求时间由企业外部需求决定,如客户订购的产品、售后维修需要的备品备件等;相关需求是指根据物料之间的结构组成关系,由独立需求的物料所产生的需求,如半成品、零部件、原材料等。

MRP 的基本任务是:①从最终产品的生产计划(独立需求)导出相关物料(原材料、零部件等)的需求量和需求时间(相关需求);②根据物料的需求时间和生产(订货)周期来确定其开始生产(订货)的时间。

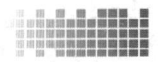

MRP 的基本内容是编制零件的生产计划和采购计划。而要正确编制零件计划,首先必须落实产品的生产进度计划,用 MRPⅡ 的术语表示就是主生产计划(Master Production Schedule,MPS),这是 MRP 展开的依据。MRP 还需要知道产品的零件结构,即物料清单(Bill Of Material,BOM),才能把主生产计划展开成零件计划;同时,必须知道库存数量,才能准确计算出零件的采购数量。因此,基本 MRP 的依据是:①主生产计划;②物料清单;③库存信息。它们之间的逻辑流程关系如图 1-3 所示。

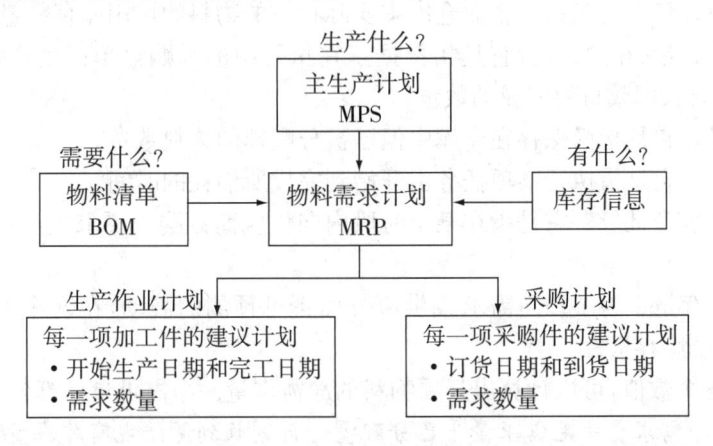

图 1-3 MRP 逻辑流程关系

(二) MRP 基本构成

1. 主生产计划

主生产计划是确定每一具体的最终产品在每一具体时间段内生产数量的计划。这里的最终产品是指企业加工完毕、准备出厂的成品,它要具体到产品的品种、型号。这里的具体时间段,通常是以周为单位,在有些情况下,也可以是日、旬、月。主生产计划详细规定生产什么、什么时段应该产出,它是独立需求计划。主生产计划根据客户合同和市场预测,把经营计划或生产大纲中的产品系列具体化,使之成为展开物料需求计划的主要依据,起到了从综合计划向具体计划过渡的承上启下的作用。

2. 产品结构与物料清单

MRP 系统要正确计算出物料需求,特别是相关需求的时间和数量,首先要使系统能够知道企业所制造的产品结构和所有要使用到的物料。产品结构列出构成成品或配件的所有部件、组件、零件等的组成、装配关系和数量要求,是 MRP 产品拆零的基础。如图 1-4 所示,它是一个大大简化了的自行车的产品结构图,大体反映了自行车的构成。

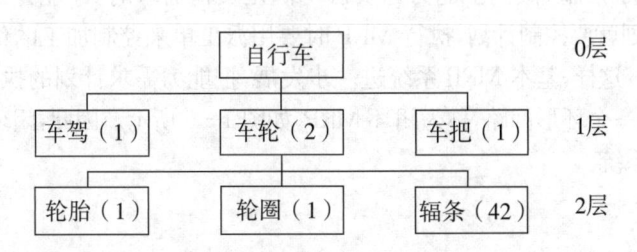

图 1-4 自行车产品结构

3. 库存信息

库存信息数据库保存了企业所有产品、零部件、在制品、原材料等的存在状态。在 MRP 系统中，将产品、零部件、在制品、原材料，甚至工装工具等统称为"物料"或"项目"。为便于计算机识别，必须对物料进行编码。物料编码是 MRP 系统识别物料的唯一标志。

（1）现有库存量。它是指在企业仓库中实际存放的物料的可用库存数量。

（2）计划收到量（在途量）。它是指根据正在执行中的采购订单或生产订单，在未来某个时段，物料将要入库或将要完成的数量。

（3）分配量。它是指尚保存在仓库中但已被分配掉的物料数量。

（4）提前期。它是指执行某项任务由开始到完成所消耗的时间。

（5）订购（生产）批量。它是指在某个时段内向供应商订购或要求生产部门生产某种物料的数量。

（6）安全库存量。为了预防需求或供应方面不可预测的波动，在仓库中应保持最低库存数量，作为安全库存量。

根据以上各个数值，可以计算出某项物料的净需求量。净需求量计算公式如下：

$$净需求量 = 毛需求量 + 已分配量 - 计划收到量 - 现有库存量$$

四、闭环 MRP

MRP 能根据有关数据计算出相关物料需求的准确时间与数量，但它还不够完善，其主要缺陷是没有考虑到生产企业现有的生产能力和采购的有关条件的约束。因此，计算出来的物料需求的日期有可能因设备和工时的不足而没有能力生产，或者因原料的不足而无法生产。同时，它也缺乏根据计划实施情况的反馈信息进行调整的功能。

正是为了解决以上问题，MRP 系统在 20 世纪 70 年代发展为闭环 MRP 系统。除了物料需求计划外，闭环 MRP 系统还将生产能力需求计划、车间作业计划和采购作业计划也纳入 MRP，形成一个封闭的系统。

（一）闭环 MRP 的原理与结构

MRP 系统的正常运行，需要有一个现实可行的主生产计划。它除了要反映市场需求和合同订单，还必须满足企业的生产能力约束条件。因此，除了要编制资源需求计划，我们还要制订能力需求计划（Capacity Requirement Planning，CRP），同各个工作中心的能力进行平衡。只有在采取了措施，做到了能力与资源均满足负荷需求时，才能开始执行计划。

要保证实现计划就要控制计划，执行 MRP 时要用派工单来控制加工的优先级，用采购单来控制采购的优先级。这样，基本 MRP 系统进一步发展，把能力需求计划的执行及控制计划的功能也包括进来，形成一个环形回路，称为闭环 MRP，如图 1-5 所示。因此，闭环 MRP 是一个完整的生产计划与控制系统。

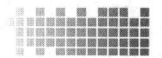

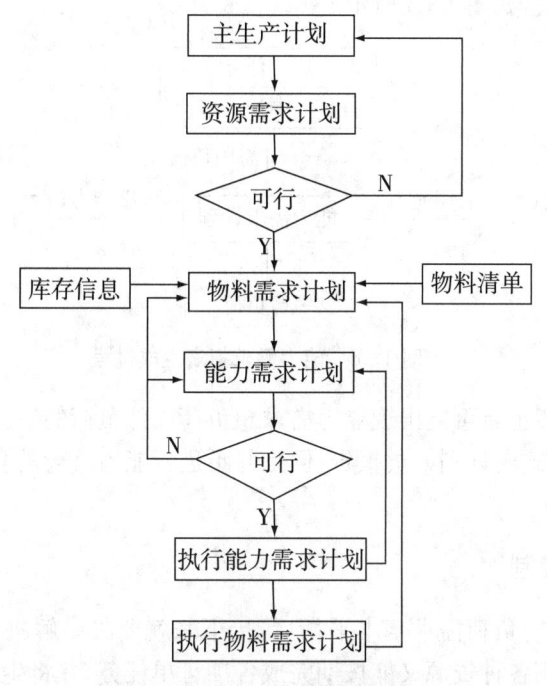

图 1-5　闭环 MRP 逻辑流程

(二) 能力需求计划

1. 资源需求计划与能力需求计划

在闭环 MRP 系统中,把关键工作中心的负荷平衡称为资源需求计划,或称为粗能力计划,它的计划对象为独立需求件,主要面向的是主生产计划;把全部工作中心的负荷平衡称为能力需求计划,或称为详细能力计划,它的计划对象为相关需求件,主要面向的是车间。由于 MRP 和 MPS 之间存在内在的联系,所以资源需求计划与能力需求计划之间也是一脉相承的,后者正是在前者的基础上进行计算的。

2. 能力需求计划的依据

(1) 工作中心。它是各种生产或加工能力单元和成本计算单元的统称。对工作中心,都统一用工时来量化其能力的大小。

(2) 工作日历。它是用于编制计划的特殊形式的日历,由普通日历除去每周双休日、假日、停工和其他不生产的日子,并将日期表示为顺序形式而形成的。

(3) 工艺路线。它是一种反映加工某项物料的方法及加工次序的文件,说明加工和装配的工序、每道工序使用的工作中心、各项时间定额、外协工序的时间和费用等。

(4) 由 MRP 输出的零部件作业计划。

3. 能力需求计划的计算逻辑

闭环 MRP 的基本目标是满足客户和市场的需求,因此在编制计划时,总是先不考虑能力约束而优先保证满足计划需求,然后再制订能力计划。经过多次反复运算,调整核实,才转入下一个阶段。能力需求计划的运算过程就是把物料需求计划订单换算成能力需求数量,生成能力需求报表,如图1-6所示。

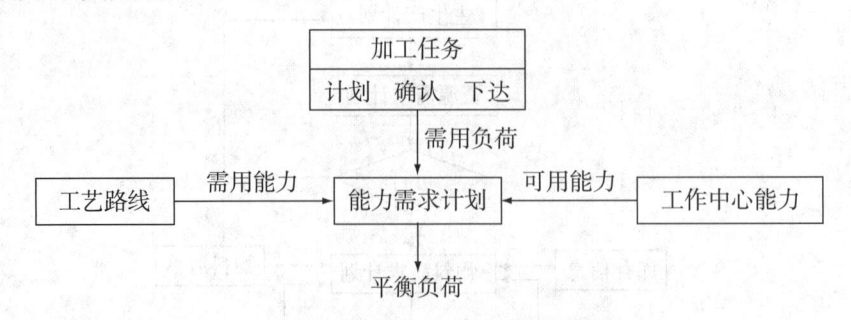

图1-6 能力需求报表生成过程

当然,在计划时段也有可能出现能力需求超负荷或低负荷的情况。闭环MRP能力计划通常是通过报表的形式向计划人员报告,但是并不进行能力负荷的自动平衡,这个工作由计划人员人工完成。

(三) 现场作业控制

各工作中心能力与负荷需求基本平衡后,接下来就要集中解决如何具体地组织生产活动,做到既能合理利用各种资源又能按期完成各项订单任务,并将生产活动进行的状况及时反馈到系统中,以便根据实际情况进行调整与控制。这就是现场作业控制,它的工作内容一般包括以下4个方面:

(1) 车间订单下达。订单下达是核实MRP生成的计划订单,并转换为下达订单。

(2) 作业排序。它是指从工作中心的角度控制加工工件的作业顺序或作业优先级。

(3) 投入产出控制。它是一种监控作业流(正在作业的车间订单)通过工作中心的技术方法。根据投入/产出报告,可以分析生产中存在的问题,进而采取相应的措施。

(4) 作业信息反馈。它主要是跟踪作业订单在制造过程中的运动,搜集各种资源消耗的实际数据,更新库存余额并完成MRP的闭环。

五、MRPⅡ

闭环MRP系统的出现,使生产活动方面的各子系统得到了统一。但这还不够,因为在企业的管理中,生产管理只是一个方面,它所涉及的仅仅是物流,而与物流密切相关的还有资金流。这在许多企业中是由财务人员另行管理的,导致了数据的重复输入与存储,甚至造成数据的不一致。

于是,在20世纪80年代,人们把生产、财务、销售、工程技术、采购等各个子系统集成为一个一体化的系统,并称为制造资源计划(Manufacturing Resource Planning,MRP)系统,英文缩写还是MRP,为了区别物流需求计划(缩写也为MRP)而记为MRPⅡ。

(一) MRPⅡ的原理与逻辑

MRPⅡ的基本思想就是把企业看作一个有机整体,从整体最优的角度出发,运用科学的方法对企业各种制造资源和产、供、销、财各个环节进行有效的计划、组织和控制,使它们得以协调发展,并充分发挥作用。

MRPⅡ的逻辑流程如图1-7所示。

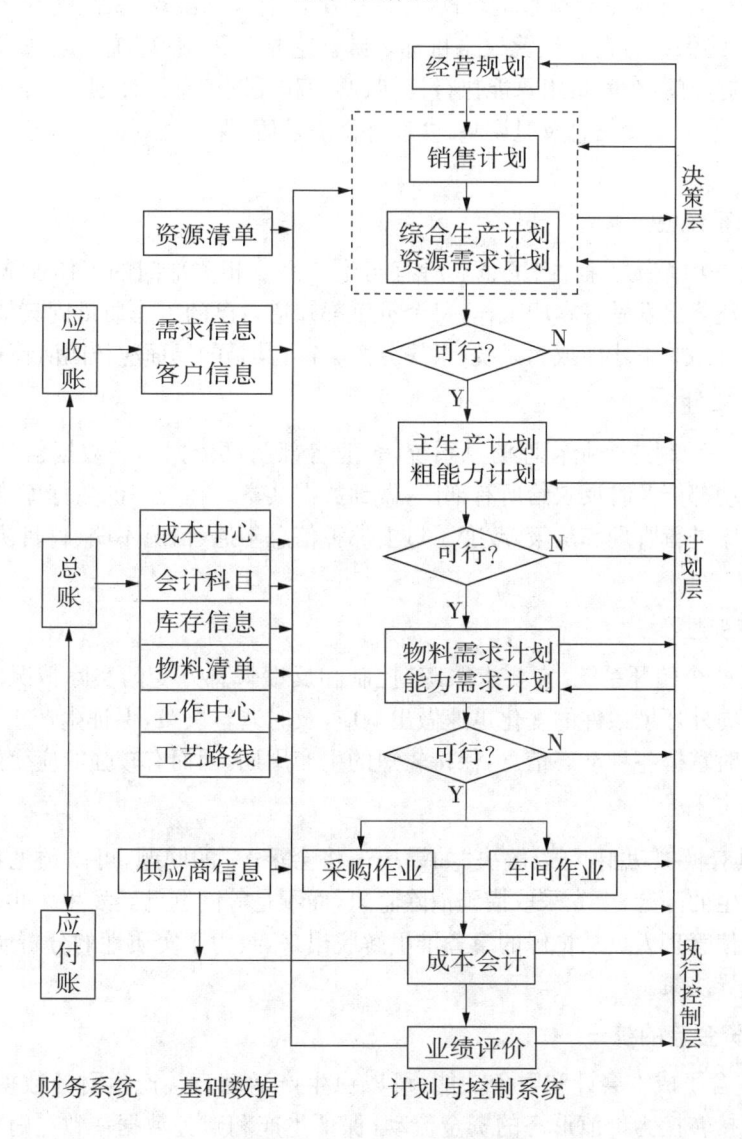

图1-7　MRPⅡ逻辑流程

在流程图的右侧是计划与控制的流程,它包括决策层、计划层和执行控制层,可以理解为经营计划管理的流程;中间是基础数据,存储在计算机系统的数据库中,并且可以反复调用,这些数据信息的集成,把企业各个部门的业务沟通起来,可以理解为计算机数据库系统;左侧是主要的财务系统,这里只列出应收账、总账和应付账。各个连线表明信息的流向及相互之间的集成关系。

(二) MRPⅡ管理模式的特点

MRPⅡ的特点可以从以下几个方面来说明,每一项特点都含有管理模式的变革和人员素质或行为变革两方面，这些特点是相辅相成的。

1. 计划的一贯性与可行性

MRPⅡ是一种计划主导型管理模式，计划层次从宏观到微观、从战略到技术、由粗到细逐层优化，但始终保证与企业经营战略目标一致。它把计划、管理统一起来，计划编制工作集中在厂级职能部门，车间班组只能执行计划、调度和反馈信息。计划下达前反复验证和平衡生产能力，并根据反馈信息及时调整，处理好供需矛盾，保证计划的一贯性、有效性和可执行性。

2. 管理的系统性

MRPⅡ是一项系统工程，它把企业所有与生产经营相关部门的工作连成一个整体，各部门都从系统整体出发做好本职工作，每个员工都知道自己的工作质量同其他职能的关系。这只有在"一个计划"下才能成为系统，条块分割、各行其是的局面应被团队精神所取代。

3. 数据共享性

MRPⅡ是一种制造企业管理信息系统，企业各部门都依据同一数据信息进行管理，任何一种数据变动都能及时反映给所有部门，做到数据共享。在统一的数据库支持下，按照规范化的处理程序进行管理和决策，改变了过去那种信息不通、情况不明、盲目决策、相互矛盾的现象。

4. 动态应变性

MRPⅡ是一个闭环系统，它要求跟踪、控制和反馈瞬息万变的实际情况。管理人员可随时根据企业内外环境条件的变化迅速做出响应，及时调整决策，保证生产正常进行。管理人员还可以及时掌握各种动态信息，保持较短的生产周期，因而有较强的应变能力。

5. 模拟预见性

MRPⅡ具有模拟功能，可以解决"如果……将会……"的问题，可以预见在相当长的计划期内可能发生的问题，事先采取措施消除隐患，而不是等问题已经发生了再花几倍的精力去处理。这将使管理人员从忙碌的事务堆里解脱出来，致力于实质性的分析研究，提供多个可行方案供领导决策。

6. 物流、资金流的统一

MRPⅡ包含了成本会计和财务功能，可以由生产活动直接产生财务数据，把实物形态的物料流动直接转换为价值形态的资金流动，保证生产和财务数据一致。财务部门及时得到资金信息用于控制成本，通过资金流动状况反映物料和经营情况，随时分析企业的经济效益，参与决策，指导和控制经营和生产活动。

以上几个方面的特点表明，MRPⅡ是一个比较完整的生产经营管理计划体系，是实现制造业企业整体效益的有效管理模式。

六、ERP系统

进入20世纪90年代，随着市场竞争的进一步加剧，企业竞争空间与范围进一步扩大，MRPⅡ主要面向企业内部资源全面计划管理的思想逐步发展为怎样有效利用和管理整体资源的管理思想,ERP——企业资源计划随之产生。ERP 在 MRP Ⅱ 的基础上扩展了管理范围,给出了新的结构。

（一）ERP 同 MRP Ⅱ 的主要区别

1. 在资源管理范围方面的差别

MRP Ⅱ 主要侧重对企业内部人、财、物等资源的管理,ERP 系统在 MRP Ⅱ 的基础上扩展了管理范围,它把客户需求和企业内部的制造活动以及供应商的制造资源整合在一起,形成企业一个完整的供应链并对供应链上所有环节(如订单、采购、库存、计划、生产制造、质量控制、运输、分销、服务与维护、财务管理、人事管理、实验室管理、项目管理、配方管理等)进行有效管理。

2. 在生产方式管理方面的差别

MRP Ⅱ 系统把企业归类为几种典型的生产方式进行管理,如重复制造、批量生产、按订单生产等,对每一种类型都有一套管理标准。而在 20 世纪 80 年代末、90 年代初期,为了紧跟市场的变化,多品种、小批量生产以及看板式生产成为企业主要采用的生产方式,企业由单一的生产方式向混合型生产发展,ERP 则能很好地支持和管理混合型制造环境,满足了企业的这种多元化经营需求。

3. 在管理功能方面的差别

ERP 除具有 MRP Ⅱ 系统的制造、分销、财务管理功能外,还增加了支持整个供应链上物料流通体系中供、产、需各个环节之间的运输管理和仓库管理,支持生产保障体系的质量管理、实验室管理、设备维修和备品备件管理,支持对工作流(业务处理流程)的管理。

4. 在事务处理控制方面的差别

MRP Ⅱ 是通过计划的及时滚动来控制整个生产过程,它的实时性较差,一般只能实现事中控制。而 ERP 系统支持在线分析处理(Online Analytical Processing, OLAP)、售后服务及质量反馈,强调企业的事前控制能力,它可以将设计、制造、销售、运输等通过集成来并行地进行各种相关的作业,为企业提供了对质量、适应变化、客户满意、绩效等关键问题的实时分析能力。

此外,在 MRP Ⅱ 中,财务系统只是一个信息的归结者,它的功能是将供、产、销中的数量信息转变为价值信息,是物流的价值反映。ERP 系统则是将财务计划和价值控制功能集成到了整个供应链上。

5. 在跨国(或地区)经营事务处理方面的差别

现代企业的发展,使得企业内部各个组织单元之间、企业与外部的业务单元之间的协调变得越来越多和越来越重要,ERP 系统应用完整的组织架构,从而可以支持跨国经营的多国家或地区、多工厂等应用需求。

6. 在计算机信息处理技术方面的差别

IT 技术的飞速发展,网络通信技术的应用,使得 ERP 系统得以实现对整个供应链信息进行集成管理。ERP 系统采用客户/服务器(C/S)体系结构和分布式数据处理技术,支持 Internet/Intranet/Extranet、电子商务(E-business、E-commerce)、电子数据交换(EDI)。此外,还能实现在不同平台上的互操作。

(二) ERP 系统的管理思想

ERP 的核心管理思想就是实现对整个供应链的有效管理,主要体现在以下 3 个方面。

1. 体现对整个供应链资源进行管理的思想

现代企业的竞争已经不是单一企业之间的竞争,而是一个企业的供应链与另一个企业的供应链之间的竞争,即企业不但要依靠自己的资源,还必须把经营过程中的有关各方(如供应商、制造工厂、分销网络、客户等)纳入一个紧密的供应链中,才能在市场上获得竞争优势。ERP 系统正是适应了这一市场竞争的需要,实现了对整个企业供应链的管理。

2. 体现精益生产、同步工程和敏捷制造的思想

ERP 系统支持混合型生产方式的管理,其管理思想表现在两个方面。一是"精益生产(Lean Production,LP)"的思想,即企业把客户、销售代理商、供应商、协作单位纳入生产体系,同他们建立起利益共享的合作伙伴关系,进而组成一个企业的供应链。二是"敏捷制造(Agile Manufacturing,AM)"的思想。当市场上出现新的机会,而企业的基本合作伙伴不能满足新产品开发生产的要求时,企业组织一个由特定的供应商和销售渠道组成的短期或一次性供应链,形成"虚拟工厂",把供应和协作单位看成企业的一个组成部分,运用"同步工程"组织生产,用最短的时间将新产品打入市场,时刻保持产品的高质量、多样化和灵活性,这就是敏捷制造的核心思想。

3. 体现事先计划与事中控制的思想

ERP 系统中的计划体系主要包括主生产计划、物流需求计划、能力计划、采购计划、销售执行计划、利润计划、财务预算和人力资源计划等,而且这些计划功能与价值控制功能已完全集成到整个供应链系统中。ERP 系统通过定义与事务处理相关的会计核算科目与核算方式,在事务处理发生的同时自动生成会计核算分录,保证了资金流与物流的同步记录及数据的一致性,从而实现了根据财务资金现状追溯资金的来龙去脉,并进一步追溯所发生的相关业务活动,便于实现事中控制和实时做出决策。

七、ERP 能够给企业带来的效益

事实上,ERP 所能带来的巨大效益对很多企业具有相当大的诱惑力。据美国生产与库存控制学会(APICS)统计,使用一个 MRPⅡ/ERP 系统,可以为企业带来如下经济效益:

(1) 库存下降 30%~50%。这是人们提得最多的效益。因为它可使一般用户的库存投资减少,库存周转率提高。

(2) 延期交货减少 80%。当库存减少并稳定的时候,用户服务的水平提高了,使得使用 MRPⅡ/ERP 的企业准时交货率平均提高 55%,误期率平均降低 35%,这就使得销售部门的信誉大大地提高了。

(3) 采购提前期缩短 50%。采购人员有了及时准确的生产计划信息,就能集中精力进行价值分析、货源选择,研究谈判策略,了解生产问题,从而缩短了采购时间并节省了采购费用。

（4）停工待料减少60%。由于零件需求的透明度提高，计划也做了改进，能够做到及时与准确，零件也能以更合理的速度准时到达，因此，生产线上的停工待料现象将会大大减少。

（5）制造成本降低12%。库存费用的下降，劳力的节约，采购费用的节省等一系列人、财、物的效应，必然会引起生产成本的降低。

（6）管理水平提高，管理人员减少10%，生产能力提高10%~15%。

由以上的数字可以看出，ERP在全世界掀起了一场关于管理思想和管理技术的革命。这一新的管理方法和管理手段正在以一种人们无法想象的速度在中国的企业中如火如荼地应用和发展，它无疑给在市场经济大潮中奋力搏击的众多企业注入了新的血液。因此，为了更好地掌握和使用这一新的管理工具，很有必要先对ERP有一个清楚的认识。

任务三　ERP沙盘模拟企业经营决策

一、沙盘的起源

提到"沙盘"，人们很容易联想到战争年代的军事作战指挥沙盘。"沙盘"一词也正是源于军事学，它通过采用各种模型来模拟战场的地形及武器装备的部署情况，结合战略与战术的变化进行推演；它可以清晰地模拟真实的地形、地貌，摆脱了实兵演习的巨大成本和各种因素的限制，从而在重大战役中得到了普遍的运用。

> **知识链接**
>
> 应用沙盘研究作战在我国有着悠久的历史。《史记·秦始皇本纪》中记载："以水银为百川大海，机相灌输，上具天文，下具地理。"秦在布置灭六国时，秦始皇亲自堆制沙盘研究各国的地理形势，在李斯的辅佐下，派大将王翦进行统一战争。后来，秦始皇在修建陵墓时，在墓中建造了一个大型的地形模型作为殉葬品。

因为沙盘使用价值高，所以第一次世界大战以后，沙盘在军事上得到了广泛的应用。第二次世界大战中，德军每次组织重大战役，都预先在沙盘上予以模拟演练。后来，随着电子计算机技术的发展，出现了计算机模拟战场情况的新技术，促使沙盘向自动化、多样化方向发展。

日常生活中，人们最常见的是房地产开发商销售楼盘时使用的小区规划布局沙盘，它可以为购房者清晰地模拟出小区的布局，使其不必亲临现场，就能对所关注的位置了然于胸，从而做出决策。

二、沙盘模拟经营决策

（一）企业沙盘模拟决策简介

企业沙盘模拟为学生提供一个模拟的企业运营环境，参加学习的人员分成若干个小组，每个小组由4~6人组成一个虚拟的公司。各家公司起点相同，面临的外部环境也相同，彼此为同行业中的竞争对手。各虚拟公司与其他公司(小组)展开激烈的竞争，在4~6年的模拟经营过程中，参与者需要做出各种决策，如产品研发、市场开拓、生产线投资、资金筹集、人力资源管理等，推动企业的生存和发展。

小组成员分别担任不同的角色，如总经理、财务总监、运营总监、营销总监、人力资源总监等，亲身体验企业运作的完整流程，亲自操作企业资金流、物流、信息流并协同工作，从而理解企业实际运作中各个部门的协同工作。

（二）企业沙盘模拟决策的理论知识准备

在企业沙盘模拟决策中，需要运用到的理论知识包括以下几个方面。

1. 战略管理

成功的企业都具有明确的战略规划，涵盖产品战略、市场战略、竞争战略及财务管理战略。战略管理是企业确定使命，在宏观层次上充分考虑企业内外的人力、财力、物力及信息等资源，根据企业内外环境设定企业的战略目标，围绕此目标设计阶段性目标及各阶段目标的执行与实现策略，并依靠企业内外部力量将目标与策略付诸实施，以及确定战略目标实现的动态管理控制过程。

沙盘模拟中的战略管理，要求学生学会用战略的眼光看待企业的业务和经营，保证业务与战略的一致性，在经营的过程中更多地获取战略性成功而非机会性成功。

2. 营销管理

市场营销是企业通过提供价值不断满足客户需求的过程。营销管理是在市场预测与调研的基础上，识别客户的需求或尚未满足的需求，并通过产品研发、定价、促销等手段，促进产品销售，达到提高企业竞争力的管理活动。

沙盘模拟中，模拟了几年的市场竞争，学生将学会如何分析市场、定位目标市场、制定营销战略，并有效实施销售计划，实现企业的战略目标。

3. 生产运作管理

生产运作管理是指对企业提供产品或服务的系统进行设计、运作、评价和改进的管理活动。

沙盘模拟中的生产运作管理，包括采购管理、生产管理、质量管理，要求学生充分利用所学知识，使生产运作与战略管理、营销管理、财务管理的目标协同一致。

4. 财务管理

财务管理是组织企业财务活动、处理财务关系的经济管理工作，涉及企业筹资、投资、经营活动、利润分配等环节。

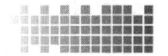

在沙盘模拟过程中,学生将清晰地掌握资产负债表、利润表,学会预测现金需求,合理选择筹资方式,并深刻理解现金流对企业的重要性。

5. 人力资源管理

通过招聘、甄选、培训、薪酬等管理形式,对组织内外相关人力资源进行有效管理和运用,满足组织当前及未来发展的需要,保证组织目标的实现与成员发展的最大化的一系列活动的总称。

在沙盘模拟过程中,预测组织人力资源需求并制订人力需求计划;招聘选择人员并进行有效组织安排;支付薪酬并进行有效激励;结合组织与个人需要进行有效开发以实现最优组织绩效。

6. 信息与情报管理

企业处于竞争的环境中,如果想要发展壮大并战胜对手,必须学会对信息和情报进行收集与分析。

值得说明的是,每一项独立的决策可能都是容易做出的,然而,当这些决策综合在一起时,可能会产生多种不同的方案。因此,在沙盘模拟经营决策的操作中,每一家起点都完全相同的虚拟公司,经过几年的运营之后,其结果可能是迥然不同的,有的公司发展壮大了,企业规模、市场占有率很高,同时实现了很高的盈利;有的公司可能只能勉强维持,甚至无法坚持到最后,最终破产出局。

(三) 企业沙盘模拟实验课程的特色

1. 体验企业经营实战,在模拟企业实战中提升职业能力和职业责任感

沙盘模拟培训方式是让学生通过"做"来"学"。参与者以切实的方式体会深奥的商业思想——学生看到并触摸到商业运作方式。体验式学习使参与者学会搜集信息并在将来应用于实践。体验企业经营实战,在实战中提升职业能力,培养爱国敬业的职业情操,培养职业精神,树立企业经营中的守法意识,培养遵纪守法、爱岗敬业、诚实守信、开拓创新的职业品格和行为习惯。

2. 改变了传统的教学方式,以学生为主,增强了学生学习的主动性

企业沙盘模拟实验为实战模拟,学生在模拟训练中能直观地看见各部门间的运作和相互依赖的关系,深刻体验企业竞争策略对各部门及整体经营结果的影响。无论模拟经营的结果是获利还是破产,其将大大提升学生的策略规划和决策能力。它将理论知识和实战模拟完整、有机地结合在一起,通过模拟训练,学生可以学会如何创造企业的竞争优势,如何发展竞争策略,如何制订制胜的经营计划。学生能够在课程中经历数年的公司运作,看见长期和短期决策后果,从而更深刻地体验到如何在市场竞争中脱颖而出,建立成功的企业。

在教学过程中,学生是主体,学生通过运用并学习管理技能,亲自掌控模拟企业的经营决策;教师根据需要进行必要的引导、适时的启发,或者对陷入经营困境的企业提出建议,并对核心问题进行解析。

3. 增强学习兴趣,强化学习动机

管理课程一般都以"案例+理论"为主,比较枯燥,而且学生很难迅速掌握这些理论并应

用到实际工作中。而通过沙盘模拟进行培训会增强娱乐性,使枯燥的课程学习变得生动有趣。游戏性的模拟可以激发参与者的热情,让他们有学习的动机——获胜。

通过分组讨论、集中研讨、角色扮演、情景演练、案例分析、教师点评等多种教学手段,将企业经营决策的理论和方法与实际模拟操作紧密结合,使学生在游戏般的操作中感受到完整的决策体验,增强了学生的学习意识,充分调动了学习的积极性,强化了学习的动机,并加深了对企业经营管理理论与方法的理解和深度记忆,确保学习效果。

4. 体验实战,在参与中学习,在实战中提升

沙盘模拟实验方式是让学生通过"做"来"学"。参与者以切实的方式体会深奥的商业思想——学生看到并触摸到商业运作方式。体验式学习使参与者学会收集信息并在将来应用于实践。

学生分别在存在相互竞争的模拟企业,进行角色扮演,在实战中学习到企业经营管理的相关知识,在此基础上增强管理能力和技能,从而提升企业经营管理的实践能力。

5. 完善知识体系,建立团队合作意识

传统的教学模式是以学科、专业为基础的单一化教学模式,而沙盘模拟实验是对企业经营管理的全面展现,使学生能够在战略管理、营销管理、生产运营管理、财务管理等方面得到全面的学习和感受,建立资源整合的理念,强化细节管理。

沙盘模拟是互动的。当参与者对游戏过程中产生的不同观点进行分析时,需要不停地进行对话。除了学习商业规则和财务语言,参与者还增强了沟通技能,学会了如何以团队的方式工作。

(四) 企业沙盘模拟实验课程的价值分析

1. 完善管理学科实践教学体系,实践中培养创新精神、创造意识和创业能力

企业沙盘模拟实验作为企业经营管理仿真实验,引入原有的实验教学体系后,完善了管理学科的实践教学体系,让学生在亲身参与中培养创新精神、创造意识和创业能力。管理学科实践教学体系如图1-8所示。

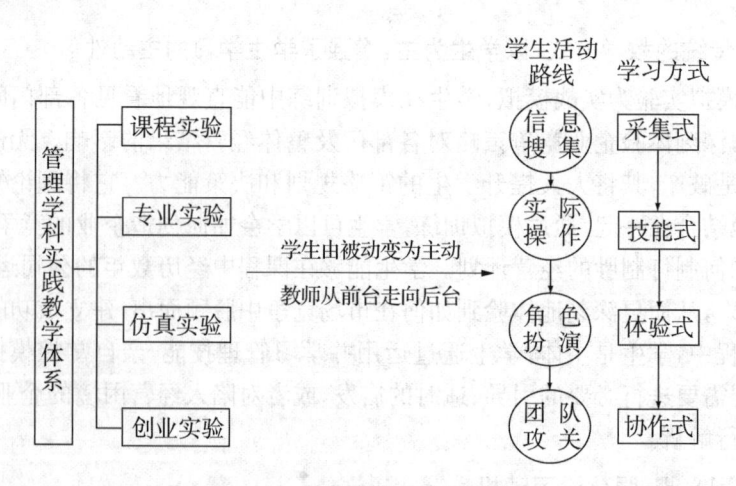

图1-8 管理学科实践教学体系

在沙盘模拟实验过程中,学生经历了一个从理论到实践再到理论升华的过程,把亲身经历的宝贵经验转化为全面的理论模型,每一次基于现场的案例分析及基于数据分析的企业诊断,都达到了磨炼商业决策敏感度,提升决策能力及长期规划能力的目的。

2. 拓展知识体系,提升管理技能

传统教育划分了多个专业方向,专业壁垒禁锢了学习者的发展空间和思维方式,而沙盘模拟是对企业经营管理全方位的展现。通过学习,学生可以在以下方面受益:

(1) 提高决策能力,从整体上理解公司的经营机制及各种决策对公司经营产生的后果,培养经营者全局视野。

(2) 掌握制定决策的各种方法和技巧,提高经营决策能力。

(3) 理解市场导向基础上的战略管理,理解如何有效地落实与执行公司战略。

(4) 理解外部信息的重要作用,提高利用信息进行预测和决策的能力。

(5) 认识各种决策与经营策略的市场效果,演练企业在不同发展联合体的各种经营手法。

(6) 培养统观全局和系统思考的能力,建立公司高管团队的共识力,加强沟通技能。

(7) 培养控制企业风险的能力。

(8) 加强企业竞争情报的搜集意识,强化市场竞争观念。

(9) 学会使用各种分析工具,能够诊断企业经营状态。

(10) 建立精细化管理模式。

3. 培养职业道德和创新意识,全面提高学生的综合素质

(1) 树立共赢理念。市场竞争是激烈的,也是不可避免的,但竞争并不意味着你死我活。寻求与合作伙伴之间的双赢、共赢才是企业发展的长久之道。因此,只有在市场分析、竞争对手分析上做足文章,在竞争中寻求合作,企业才会有无限的发展机遇。

(2) 全局观念与团队合作。每一个角色都要以企业总体最优为出发点,各司其职,相互协作,才能赢得竞争,实现目标。

(3) 职业素养与职业定位。在沙盘模拟实验过程中,有的公司积极进取、敢冒风险,有的公司稳扎稳打,有的则不知所措,每个个体的特征都会显现出来。虽然个性特点与胜任角色有一定的关联度,但在现实中,更多的是需要大家"干一行,爱一行"。

(4) 学思结合,培养勇于探索的创新精神,在艰苦奋斗中锤炼意志。在市场的残酷竞争与企业经营的风险面前,是"轻言放弃"还是"坚持到底",这不仅是一个企业可能面临的问题,更是需要在人生中不断抉择的问题。经营自己的人生与经营一个企业具有一定的相通性。

4. 看得见,摸得着

剥开经营理念的复杂外衣,直探经营本质。企业结构和管理操作全部展示在模拟沙盘上,将复杂、抽象的经营管理理论以最直观的方式让学生体验和学习,完整、生动的视觉享受能极为有效地激发学生的学习兴趣,增强学习效果。课程结束后,学生会对所学的内容理解得更透,记忆得更深。

5. 想得到,做得到

把平日学习中尚存疑问的决策带到课程中去印证,在几天的课程中模拟企业几年的全面经营管理。学生能够自由地尝试企业经营的重大决策,并且能够直接看到结果。在现实工作中,他们可能在相当长的时间里都没有这样的体验机会。

项目二

模拟企业经营知识准备

知识目标
- 了解企业战略的特点、作用及战略管理的要素。
- 了解筹资管理、流动资产管理及收入与利润管理等财务管理知识。
- 理解生产运作管理的地位与生产运作管理新模式。
- 熟悉市场营销知识。
- 了解人力资源管理知识。
- 了解竞争情报处理方法,建立合法竞争意识。

技能目标
- 能够用战略管理分析工具进行分析。
- 能够进行资金筹集计算。
- 能够进行生产计划、采购管理与库存管理的计算。
- 能够进行人力资源管理分析。
- 能够用SWOT分析法进行分析。

思政目标
- 在企业财务管理、生产运作管理等企业经营中树立守法意识。
- 坚持科学的价值观,坚守职业道德。
- 熟悉相关法律,合理合法地进行营销活动与竞争情报的获取。

思维导图

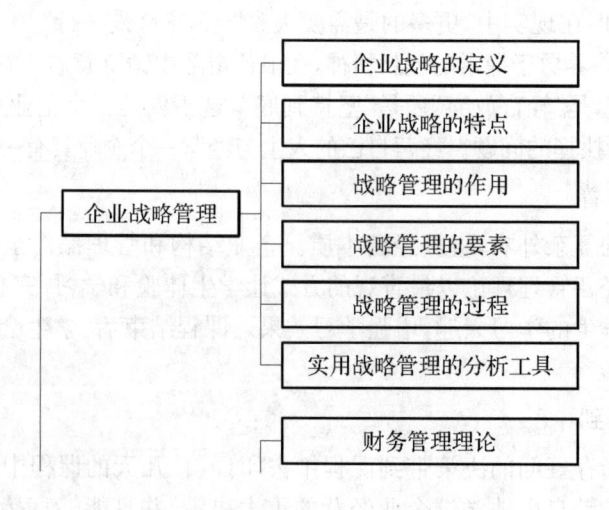

企业战略管理
- 企业战略的定义
- 企业战略的特点
- 战略管理的作用
- 战略管理的要素
- 战略管理的过程
- 实用战略管理的分析工具
- 财务管理理论

(转下页)

项目二　模拟企业经营知识准备

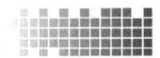

（接上页）

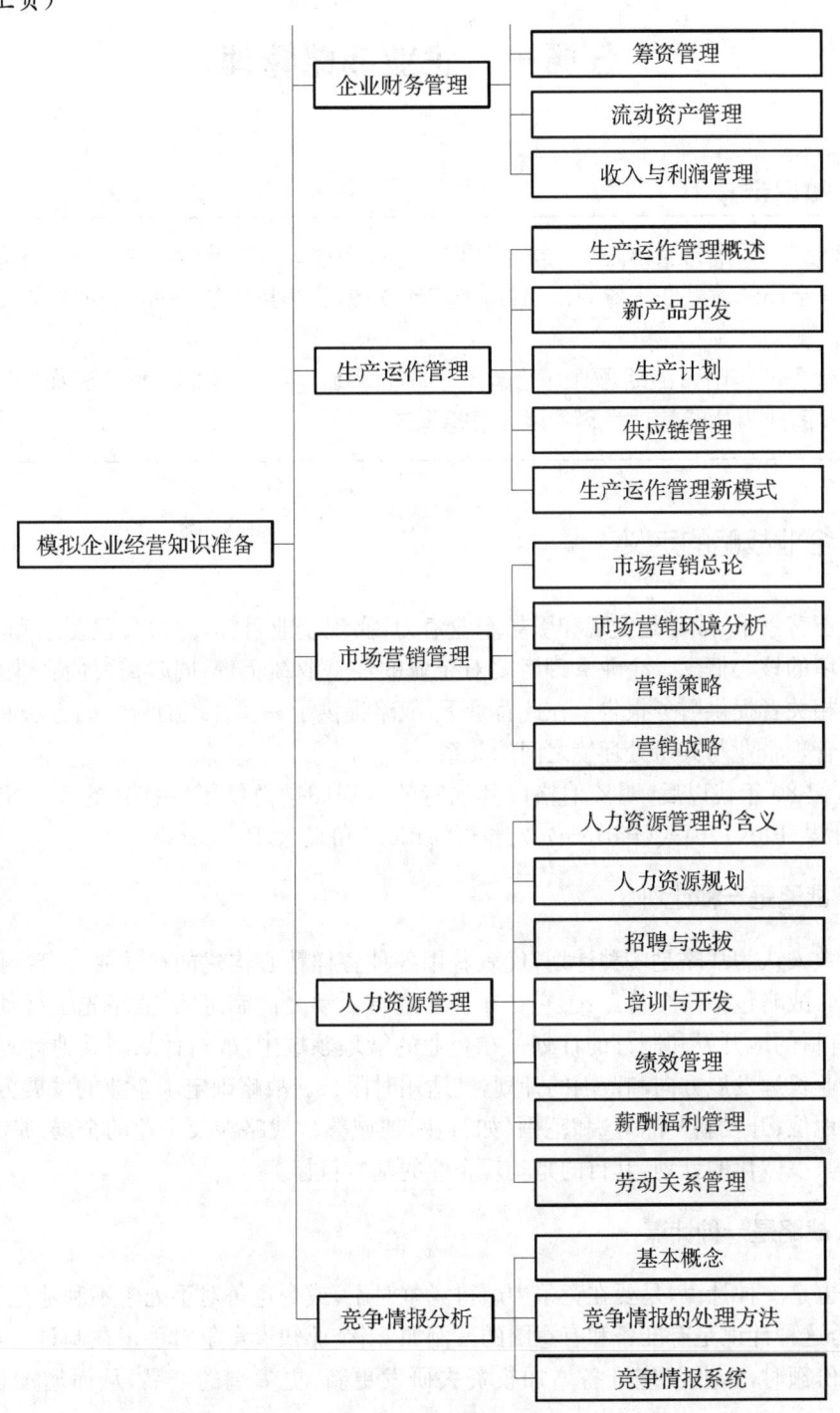

```
                              ┌── 筹资管理
                  企业财务管理 ├── 流动资产管理
                              └── 收入与利润管理

                              ┌── 生产运作管理概述
                              ├── 新产品开发
                  生产运作管理 ├── 生产计划
                              ├── 供应链管理
                              └── 生产运作管理新模式

模拟企业经营知识准备          ┌── 市场营销总论
                              ├── 市场营销环境分析
                  市场营销管理 ├── 营销策略
                              └── 营销战略

                              ┌── 人力资源管理的含义
                              ├── 人力资源规划
                              ├── 招聘与选拔
                  人力资源管理 ├── 培训与开发
                              ├── 绩效管理
                              ├── 薪酬福利管理
                              └── 劳动关系管理

                              ┌── 基本概念
                  竞争情报分析 ├── 竞争情报的处理方法
                              └── 竞争情报系统
```

任务一　企业战略管理

知识链接

"战略"一词的希腊语是 strategos，意思是"将军指挥军队的艺术"，原是一个军事术语，是指战争全局的筹划和指导原则；后用于其他领域，泛指重大的、带有全局性或决定全局的谋划。

20世纪60年代，战略思想开始运用于商业领域，并与达尔文"物竞天择"的生物进化思想共同成为战略管理学科的两大思想源流。

一、企业战略的定义

在商业背景下，战略是实现和引导企业潜力，实现企业目标，应对日益复杂和不断变化的外部环境的核心概念。企业管理者要对企业的经营业绩负责，同时需要向企业所有者及其他利益相关者提供财务报告。在此背景下，战略提供了一套合理而科学的方法和工具，用于分析和管理企业与其所处环境之间的关系。

20世纪80年代以后，明茨伯格以其独特的认识归纳总结了"战略"的5个定义：计划（Plan）、计谋（Ploy）、模式（Pattern）、定位（Position）和观念（Perspective）。

（一）战略是一种计划

大多数人认为战略是一种计划，代表着用各种各样精心构建的行动或一套准则来处理各种情况。战略包括两个特点：①它是在企业经营活动之前制定的，战略先于行动；②它是有意识、有目的地开发和制订的计划。在企业的管理领域中，战略计划与其他计划不同，它是关于企业长远发展方向和范围的计划，其适用时限长。战略确定了企业的发展方向（如巩固目前的地位、开发新产品等）和范围（如行业、地域等），战略涉及企业的全局，是一种统一的、综合的、一体化的计划，其目的是实现企业的基本目标。

（二）战略是一种计谋

战略也是一种计谋，是要在竞争中赢得竞争对手，或令竞争对手处于不利地位及受到威胁的智谋，这种计谋是有准备和有意图的。例如，当企业知道竞争对手正在制订一项计划来提高市场份额时，企业就应准备增加投资去研发更新、更尖端的产品，从而增加自身的竞争力。

（三）战略是一种模式

将战略定义为计划是不充分的。它还应包括由计划导致的行为，即战略是一种模式，是一系列行动的模式或行为模式，或者是与企业的行为相一致的模式。"一系列行动"是指企业为实现基本目的而进行竞争、分配资源、建立优势等决策与执行活动。

(四) 战略是一种定位

将战略作为一种定位,涉及企业如何适应所处环境的问题。定位包括相对于其他企业的市场定位(如生产或销售什么类型的产品或服务),如何分配内部资源以保持企业的竞争优势。战略问题是确定自己在市场中的位置,并据此正确配置资源,以形成可以持续的竞争优势。

(五) 战略是一种观念

战略不仅仅包含既定的定位,还包括感知世界的一种认识方式。这个角度指出了战略观念通过个人的期望和行为而形成共享,变成企业共同的期望和行为。这是一种集体主义的概念——个体通过共同的思考方式或行动团结起来。

上述 5 个定义反映了人们从不同的角度对战略特征的解释和认识,它们的重要程度并没有差异。了解这些不同的定义,有助于我们对战略的全面理解。

二、企业战略的特点

(一) 战略管理具有全局性

企业的战略管理是以企业的全局为对象,根据企业总体发展的需要而制定的。它所管理的是企业的总体活动,所追求的是企业的总体效果。虽然这种管理也包括企业的局部活动,但是这些局部活动是作为总体活动的有机组成在战略管理中出现的。战略管理不是强调企业某一事业部门或某一职能部门的重要性,而是通过制定企业的使命、目标和战略来协调企业各部门自身的表现。这样也就使战略管理具有综合性和系统性的特点。

(二) 战略管理的主体是企业的高层管理人员

战略决策涉及一个企业活动的各个方面,它需要企业上、下层管理者和全体员工的参与和支持,尤其是高层管理人员,之所以说他们是战略管理的主体,是因为他们能够统观企业全局,了解企业的全面情况,拥有对战略实施所需资源进行分配的权力。

(三) 战略管理涉及企业大量资源的配置问题

企业的资源包括人力资源、实体财产和资金,或者在企业内部进行调整,或者从企业外部来筹集。在任何一种情况下,战略决策都需要在相当长的一段时间内致力于一系列的活动,而实施这些活动需要有大量的资源作为保证。因此,这就需要为保证战略目标的实现,对企业的资源进行统筹规划,合理配置。

(四) 战略管理从时间上来说具有长远性

战略管理中的战略决策是对企业未来较长时期内,就企业如何生存和发展等进行统筹规划。虽然这种决策以企业外部环境和内部条件的当前情况为出发点,并且对企业当前的生产经营活动有指导、限制作用,但是这一切是为了更长远的发展,是长期发展的起步。因此,战略管理也是面向未来的管理。在迅速变化的竞争性环境中,企业要取得成功必须对未来的变化采取预应性的态势,这就需要企业做出长期性的战略计划。

(五)战略管理需要考虑企业外部环境中的诸多因素

企业存在于一个开放的系统中,通常会受到不能由企业自身控制的因素影响。因此,在未来的竞争环境中,企业要占据有利地位并取得竞争优势,就必须考虑与其相关的因素(包括竞争者、顾客、资金供给者、政府等外部因素),以使企业的行为适应不断变化中的外部力量。

三、战略管理的作用

(一)重视对经营环境的研究

由于战略管理将企业的成长和发展纳入了变化的环境之中,管理工作要以未来的环境变化趋势作为决策的基础,这就使企业管理者们重视对经营环境的研究,正确确定公司的发展方向,选择适合公司的经营领域或产品——市场领域,从而能更好地把握外部环境所提供的机会,增强企业经营活动对外部环境的适应性,使二者达成最佳的结合。

(二)重视战略的实施

由于战略管理不只是停留在战略分析及战略制定上,而是将战略的实施作为其管理的一部分,这就要求企业在日常生产经营活动中应根据环境的变化对战略不断地评价和修改,以使企业战略得到不断完善,也使战略管理本身得到不断的完善。

(三)日常的经营与计划控制、近期目标与长远目标结合在一起

由于战略管理把规划出的战略付诸实施,而战略的实施又同日常的经营计划控制结合在一起,这就把近期目标(作业性目标)与长远目标(战略性目标)结合了起来,把总体战略目标同局部战术目标统一了起来,从而可以调动各级管理人员参与战略管理的积极性,有利于充分利用企业的各种资源并提高协同效果。

(四)重视战略的评价与更新

由于战略管理不只是计划"我们正走向何处",而且计划如何淘汰陈旧过时的东西,以"计划是否继续有效"为指导,重视战略的评价与更新,这就使企业管理者能够在新的起点上不断地对外界环境和企业战略进行连续性探索,增强创新意识。

四、战略管理的要素

战略管理,主要是指战略制定和战略实施的过程。一般说来,战略管理包含4个关键要素:战略分析(了解组织所处的环境和相对竞争地位);战略选择(战略制定、评价和选择);战

略实施(采取措施发挥战略作用);战略评价和调整(检验战略的有效性)。

(一) 战略分析

战略分析的主要目的是评价影响企业当前和今后发展的关键因素,并确定在战略选择步骤中的具体影响因素。它主要包括3个方面。①确定企业的使命和目标。企业的使命和目标是企业战略制定和评估的依据。②外部环境分析。要了解企业所处的环境(包括宏观、微观环境)正在发生哪些变化,这些变化将给企业带来更多的机会还是威胁。③内部条件分析。要了解企业自身所处的相对地位,具有哪些资源以及战略能力;还需要了解利益相关者的利益期望,在战略制定、评价和实施过程中,这些利益相关者会有哪些反应,这些反应又会对组织行为产生怎样的影响和制约。

(二) 战略选择

战略分析阶段明确了"企业目前状况"。战略选择阶段所要回答的问题是"企业走向何处"。战略选择同样包括3个方面的内容:

(1) 制定战略选择方案。在制定战略的过程中,可供选择的方案越多越好。企业可以从对整体目标的保障,对中下层管理人员积极性的发挥及企业各部门战略方案的协调等多个角度考虑,选择自上而下、自下而上或上下结合的方法来制定战略方案。

(2) 评估战略备选方案。评估备选方案通常使用两个标准:一是考虑企业选择的战略是否发挥了优势,克服了劣势,是否利用了机会并将威胁削弱到最低程度;二是考虑选择的战略能否被企业利益相关者所接受。需要指出的是,实际上并不存在最佳的选择标准,管理层和利益相关团体的价值观和期望在很大程度上影响着战略的选择。此外,对战略的评估最终还要落实到战略收益、风险和可行性分析的财务指标上。

(3) 选择战略。即最终的战略决策,确定准备实施的战略。最终的战略选择可以考虑以下几种方法:根据企业目标选择战略;聘请外部机构;提交上级管理部门审批。

(三) 战略实施

战略实施就是将战略转化为行动,它主要涉及以下一些问题:①如何在企业内部各部门和各层次间分配及使用现有的资源。②为了实现企业目标,还需要获得哪些外部资源以及如何使用。③为了实现既定的战略目标,需要对组织结构做哪些调整。④如何处理可能出现的利益再分配与企业文化的适应问题,如何进行企业文化管理,以保证企业战略的成功实施等。

(四) 战略评价与调整

战略评价就是通过评价企业的经营业绩,审视战略的科学性和有效性。战略调整就是根据企业情况的发展变化,即参照实际的经营事实、变化的经营环境、新的思维和新的机会,及时对所制定的战略进行调整,以保证战略对企业经营管理进行指导的有效性。

企业战略管理的实践表明,战略制定很重要,战略实施更重要。一方面,一个良好的战略仅是战略成功的前提,有效的企业战略实施才是企业战略目标顺利实现的保证;另一方面,如果企业没能制定出完善的战略,但是,在战略实施中能够克服原有战略的不足之处,最终也有可能实现战略的完善与成功。当然,如果选择了一个不完善的战略,在实施中又不能将其扭转到正确的轨道上,就只有失败的结果。

五、战略管理的过程

战略管理的过程一般包括 9 个步骤,如图 2-1 所示。

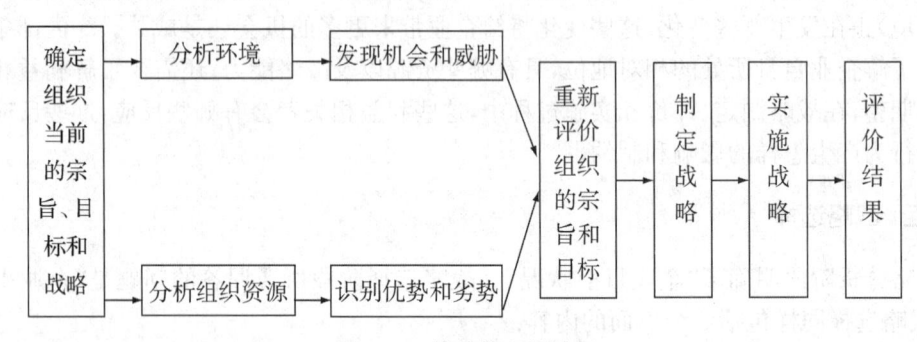

图 2-1 战略管理的过程

(一) 确定组织当前的宗旨、目标和战略

确定组织当前的宗旨旨在促使管理当局仔细确定自己的产品和服务范围。对"我们到底从事的是什么事业"的理解关系到公司的指导方针。

> **知识链接**
>
> 一些学者指出,美国铁路公司之所以不景气是因为它们错误地理解了自己所从事的事业。在 20 世纪 30~40 年代,如果铁路公司认识到它们从事的是运输事业而不仅仅是铁路事业,它们的命运也许会完全不同。
>
> 当然,管理当局还必须搞清楚组织的目标及当前所实施的战略的性质,并对其进行全面而客观地评估。

(二) 分析环境

分析环境是战略管理过程的关键环节和要素。组织环境在很大程度上规定了管理当局可能的选择。成功的战略大多是那些与环境相适应的战略。

> **知识链接**
>
> 松下电器是家庭娱乐系统的主要生产商,自 20 世纪 80 年代中期开始,在微型化方面出现了技术突破,同时家庭小型化趋势使得对大功率、高度紧凑的音响系统的需求剧增。松下家庭音响系统战略的成功,就是因为松下及早地认识到了环境中正在发生的技术和社会变化。

管理当局应认真分析公司所处的环境，了解市场竞争的焦点，了解政府法律法规对组织可能产生的影响，以及公司所在地的劳动供给状况等。其中，分析环境的重点是把握环境的变化和发展趋势。

（三）发现机会和威胁

分析了环境之后，管理当局需要评估环境中哪些机会可以利用，以及组织可能面临的威胁。机会和威胁都是环境的特征。威胁会阻碍组织目标的实现，机会则相反。

在分析机会与威胁时，以下因素是关键的：竞争者行为、消费者行为、供应商行为和劳动力供应。技术进步、经济因素、法律政治因素及社会变迁等一般环境虽不对组织构成直接威胁，但作为一种长期计划，管理者在制定战略时也必须慎重考虑。分析机会和威胁还必须考虑压力集团、利益集团、自然资源及有潜力的竞争领域。

（四）分析组织的资源

这一分析将视角转移到组织内部：组织雇员拥有什么样的技巧和能力，组织的现金状况如何，在开发新产品方面是否一直很成功，公众对组织及其产品或服务质量的评价怎样，等等。

这一环节的分析能使管理当局认识到，无论多么强大的组织，都会在资源和能力方面受到某种限制。

（五）识别优势和劣势

管理者可以通过各种各样的报告来获得有关企业内部优势和劣势的信息。优势是组织可以开发利用以实现组织目标的积极的内部特征，是组织与众不同的能力，即决定作为组织竞争武器的特殊技能和资源；劣势则是抑制或约束组织目标实现的内部特征。管理者应从以下方面评价组织的优势和劣势：市场、财务、产品、研究与发展。内部分析同样也要考虑组织的结构、管理能力和管理质量，以及人力资源、组织文化的特征等。

（六）重新评价组织的宗旨和目标

按照 SWOT 分析和识别组织机会的要求，管理当局应重新评价公司的宗旨和目标（关于SWOT分析的理论知识，详见本书项目二任务四）。

（七）制定战略

需要分别在公司层、事业层和职能层设立战略。在这一环节，组织将寻求恰当定位，以便获得领先于竞争对手的相对优势。

（八）实施战略

无论战略制定得多么有效，如果不能恰当地实施，仍不可能保证组织的成功。另外，在战略实施过程中，最高管理层的领导能力固然重要，但中层和基层管理者执行计划的主动性更重要。管理当局需要通过招聘、选拔、处罚、调换、提升乃至解雇职员以确保组织战略目标的实现。

(九) 评价结果

战略管理过程的最后一步是评价结果:战略实施的效果如何?需要做哪些调整?这涉及控制过程。

六、实用战略管理的分析工具

(一) 波特五力分析模型(波特竞争力模型)

☞ 波特五力分析模型

五力分析模型(Five Forces Model)是迈克尔·波特(Michael Potter)提出的,对企业战略的制定产生了全球性的深远影响,用于竞争战略的分析,可以有效地分析竞争环境。五力分别是供应商的议价能力、购买者的议价能力、潜在竞争者进入的能力、替代品的替代能力、行业内竞争者现在的竞争能力。5种力量的不同组合变化,最终影响行业利润潜力变化。

1. 波特五力分析模型详解

五力分析模型将大量不同的因素汇集在一个简便的模型中,以此分析一个行业的基本竞争态势,五力分析模型确定了竞争的5种主要来源。一个可行战略的提出首先应该包括确认并评价这5种力量,不同力量的特性和重要性因行业和公司的不同而变化,如图2-2所示。

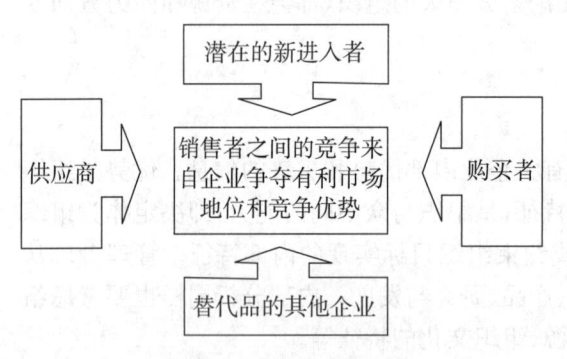

图2-2 波特五力模型

(1) 供应商的议价能力。供方主要通过提高投入要素价格与降低单位价值质量的能力来影响行业中现有企业的赢利能力与产品竞争力。供方力量的强弱主要取决于他们所提供给买主的是什么投入要素,当供方所提供的投入要素的价值构成了买主产品总成本的较大比例,对买主产品生产过程非常重要,或者严重影响买主产品的质量时,供方对于买主的潜在议价能力就大大增强。一般来说,满足如下条件的供方集团会具有比较强大的议价能力:

① 供方行业为一些具有稳固市场地位而不受剧烈市场竞争困扰的企业所控制,其产品的买主很多,以至于每一单个买主都不可能成为供方的重要客户。

② 供方各企业的产品各具有一定特色,以至于买主难以转换或转换成本太高,或者很难找到可与供方企业产品相竞争的替代品。

③ 供方能够方便地实行前向联合或一体化,而买主难以进行后向联合或一体化。

(2) 购买者的议价能力。购买者主要通过压价与要求提供较高的产品或服务质量的能力,来影响行业中现有企业的盈利能力。一般来说,满足如下条件的购买者可能具有较强的议价能力:

① 购买者的总数较少,而每个购买者的购买量较大,占了卖方销售量的很大比例。

② 卖方行业由大量相对来说规模较小的企业所组成。

③ 购买者所购买的产品是一种标准化产品,同时向多个卖主购买产品在经济上也完全可行。

④ 购买者有能力实现后向一体化,而卖主不可能实现前向一体化。

(3) 新进入者的威胁。新进入者在给行业带来新生产能力、新资源的同时,也希望在已被现有企业瓜分完毕的市场中赢得一席之地,这就有可能会与现有企业发生原材料与市场份额的竞争,最终导致行业中现有企业盈利水平降低,严重时还有可能危及这些企业的生存。

竞争性进入威胁的严重程度取决于两方面因素,即进入新领域的障碍大小与预期现有企业对进入者的反应情况。进入障碍主要包括规模经济、产品差异、资本需要、转换成本、销售渠道开拓、政府行为与政策、自然资源等方面,其中有些障碍是很难借助复制或仿造的方式来突破的。预期现有企业对进入者的反应情况,主要是采取报复行动的可能性大小,取决于有关厂商的财力情况、固定资产规模、行业增长速度等。另一方面,新企业进入一个行业的可能性大小,取决于进入者主观估计进入所能带来的潜在利益、所需花费的代价与所要承担的风险这三者的相对大小情况。

(4) 替代品的威胁。两个处于同行业或不同行业中的企业,可能会由于所生产的产品是互为替代品而在它们之间产生相互竞争行为,这种源自替代品的竞争会以各种形式影响行业中现有企业的竞争战略。首先,现有企业产品售价及获利潜力的提高,将由于存在能被用户方便接受的替代品而受到限制。其次,由于替代品生产者的侵入,现有企业必须提高产品质量、降低售价或者使其产品具有特色,否则其销量与利润增长的目标就有可能受挫。最后,源自替代品生产者的竞争强度,受产品买主转换成本高低的影响。总之,替代品价格越低、质量越好、用户转换成本越低,其所能产生的竞争压力就越强。这种来自替代品生产者的竞争压力的强度,可以具体通过考察替代品销售增长率、替代品厂家生产能力与盈利扩张情况来加以描述。

(5) 同业竞争者的竞争程度。大部分行业中的企业,相互之间的利益都是紧密联系在一起的,作为企业整体战略一部分的各企业竞争战略,其目标都在于使得自己的企业获得相对于竞争对手的优势,所以,在实施中就必然会产生冲突与对抗现象,这些冲突与对抗就构成了现有企业之间的竞争。现有企业之间的竞争常常表现在价格、广告、产品介绍、售后服务等方面,其竞争强度与许多因素有关。

一般来说,出现下述情况将意味着行业中现有企业之间的竞争加剧:行业进入障碍较低,势均力敌的竞争对手较多,竞争参与者范围广泛;市场趋于成熟,产品需求增长缓慢;竞争者企图采用降价等手段促销;竞争者提供几乎相同的产品或服务,用户转换成本很低;一个战略行动如果取得成功,其收入相当可观;行业外部实力强大的公司在接收了行业中实力薄弱的企业后,发起进攻性行动,结果使得刚被接收的企业成为市场的主要竞争者;退出障碍较高,即退出竞争要比继续参与竞争代价更高。

根据上面关于 5 种竞争力量的讨论,企业可以采取尽可能地将自身的经营与竞争力量隔绝开来、努力从自身利益需要出发影响行业竞争规则、先占领有利的市场地位再发起进攻性竞争行动等手段来对付这 5 种竞争力量,以增强自己的市场地位与竞争实力。

2. 波特五力分析模型与一般战略的关系

波特五力分析模型与一般战略的关系如表 2-1 所示。

表 2-1 波特五力分析模型与一般战略的关系

波特五力	一般战略		
	成本领先战略	产品差异化战略	集中战略
进入障碍	具备杀价能力以阻止潜在对手的进入	培育顾客忠诚度以挫伤潜在进入者的信心	通过集中战略建立核心能力以阻止潜在对手的进入
买方砍价能力	具备向大买家出更低价格的能力	因为选择范围小而削弱了大买家的谈判能力	没有选择范围,使大买家丧失谈判能力
供方砍价能力	更好地抑制大卖家的砍价能力	更好地将供方的涨价部分转嫁给顾客方	进货量低,供方的砍价能力就高,但集中差异化的公司能更好地将供方的涨价部分转嫁出去
替代品的威胁	能够利用低价抵御替代品	顾客习惯于一种独特的产品或服务因而降低了替代品的威胁	特殊的产品和核心能力能够防止替代品的威胁
行业内对手的竞争	能更好地进行价格竞争	品牌忠诚度能使顾客不理睬你的竞争对手	竞争对手无法满足集中差异化顾客的需求

3. 波特五力分析模型的缺陷

实际上,关于五力分析模型的实践运用一直存在许多争论。目前较为一致的看法是:该模型更多的是一种理论思考工具,而非可以实际操作的战略工具。

该模型的理论是建立在以下3个假定基础之上的:

(1) 制定战略者可以了解整个行业的信息,显然现实中是难以做到的。

(2) 同行业之间只有竞争关系,没有合作关系。但现实中企业之间存在多种合作关系,不一定是你死我活的竞争关系。

(3) 行业的规模是固定的,只有通过夺取对手的份额来占有更大的资源和市场。但现实中企业之间往往不是通过吃掉对手而是与对手共同做大行业的"蛋糕"来获取更多的资源和更大的市场。同时,市场可以通过不断地开发和创新来增大容量。

因此,要将波特的五力分析模型有效地用于实践操作,以上在现实中并不存在的3个假设就会使操作者要么束手无策,要么头绪万千。

波特的五力分析模型的意义在于,5种竞争力量的抗争中蕴含着3类成功的战略思想,那就是大家熟知的成本领先战略、差异化战略和集中战略。

(二) 其他战略管理分析工具

1. 安迪·格鲁夫的六力分析模型

六力分析的概念是英特尔前总裁安迪·格鲁夫(Andrew S. Grove)以波特的五力分析架构为出发点,重新探讨并定义产业竞争的6种影响力而产生的。他认为影响产业竞争态势的因素如下:

(1) 现存竞争者的影响力、活力、能力。

(2) 供货商的影响力、活力、能力。

(3) 客户的影响力、活力、能力。

（4）潜在竞争者的影响力、活力、能力。

（5）产品或服务的替代方式。

（6）协力业者的力量。此影响力是安迪·格鲁夫自波特五力分析中所衍生出来的第六力。

协力业者是指与自身企业具有相互支持与互补关系的其他企业。在互补关系中，该公司的产品与另一家公司的产品互相配合使用，可得到更好的使用效果。协力业者间的利益通常互相一致，也可称之为通路伙伴，彼此间产品相互支持，并拥有共同的利益。但任何新技术、新方法或新科技的出现，都可能改变协力业者间的平衡共生关系，使得通路伙伴从此形同陌路。

2. 新7S原则

新7S原则由美国管理大师理查德·达·维尼（Richard A. D'Aveni）提出，强调的是企业能否打破现状、抓住主动权和建立一系列暂时的优势。

7S是在企业内各个方面之间创造静态的战略搭配，新7S模型强调的是以对长期动态战略互动的了解为基础，达到4个主要目标：一是破坏现状；二是创造暂时的优势；三是掌握先机；四是维持优势。

新7S原则的经营思维架构具体如下：

（1）更高的股东满意度（stockholder satisfaction）。这里的"股东"是一个十分广泛的概念，即客户的概念，包括过去企业最重视的股东、市场导向管理中迅速得到重视的顾客及近几年人本管理的主角，即员工。

（2）战略预测（strategic soothsaying）。要做到客户满意，公司就必须用到战略预测。了解市场和技术的未来演变，就能看清下一个优势会出现在哪里，从而率先创造出新的机会。

（3）速度（speed）定位。在如今超强竞争环境下，成功与否在于能否创造出一系列的暂时优势，所以公司快速地从一个优势转移到另一个优势的能力非常重要。速度让公司可以捕捉需求、设法破坏现状、瓦解竞争对手的优势，并在竞争对手采取行动之前就创造出新的优势。

（4）出其不意的（surprise）定位。经营者们要做的工作，是探寻价值创新的道路，而很少去控制和管理现有的业务运作。

（5）改变竞争规则（shifting the rules against the competition）。改变竞争规则可以打破产业中既有的观念和标准模式。亦步亦趋，是被动应战，常常取不到好的效果。

（6）宣示战略意图（signaling strategic intent）。向公众及产业内同行公布你的战略意图和未来行动，有助于告诫竞争对手不要侵入你的市场领域；同时，还可以在顾客中有效地形成"占位效应"，即有购买意图的顾客会等待告示公司的该种产品研制生产出来后再购买，而不去购买市场上已有的其他公司的同类产品。

（7）同时的、一连串的战略出击（simultaneous and sequential strategic thrusts）。仅有静态的能力，或是仅有优良的资源都是不够的，需要加以有效地运用。公司战略成功的关键，在于将知识和能力妥善运用，以一连串的行动夺取胜利，并将优势迅速转移到不同的市场。

该模型建立在企业处于一种优势迅速崛起并迅速消失的超强竞争环境下，为了建立起永恒的竞争优势，企业通过一连串短暂的行动来建立一系列暂时的竞争优势，而每个行动又是结合竞争对手及自身的特点来策划与评判。

新 7S 原则强调的是企业能否打破现状、抓住主动权和建立一系列暂时的优势。其中前 2 个 S,即更高股东满意度和战略预测,在于建立一种愿景,打破市场现状。它包括确立目标、制定企业打破现状的战略、找出企业打破某一市场所必需的核心能力。接下来的 2 个 S 是速度定位和出其不意的定位,二者着眼于多种关键能力,可用来采取一系列行动以图打破现状。最后 3 个 S 即改变竞争规则、宣示战略意图和同时发起持续不断的战略出击,主要是超强竞争环境中打破市场现状的战术和行动。

新 7S 模型是以破坏性的快速制胜方式来表现的,它分为 3 个部分,如图 2-3 所示。

```
┌─────────────┐   ┌─────────────┐   ┌─────────────┐
│ 破坏的远见  │   │ 破坏的能力  │   │ 破坏的战术  │
│ ·更高的股东 │ → │ ·速度       │ → │ ·改变竞争规则│
│   满意度    │   │ ·出其不意   │   │ ·战略出击   │
│ ·战略预测   │   │             │   │             │
└─────────────┘   └─────────────┘   └─────────────┘
```

图 2-3　新 7S 模型

☞ 案例:相机业用 7S 原则打破行业现状

任务二　企业财务管理

一、财务管理理论

无论是在现实企业还是在企业沙盘模拟决策中,财务管理都起着非常重要的作用,是企业经营的核心部分。财务管理执行得好坏直接关系到企业经营的成败。在企业模拟经营的过程中,财务总监不仅要掌握和精通财务管理的理论知识,还要掌握财务管理的各种技术和方法,在企业的筹资、投资、资产管理等方面均能找到一个最佳的组合,从而在经营中实现企业价值的最大化。

(一)财务管理的特点

财务管理是在一定的整体目标下,对资产的购置(投资)、资本的融通(筹资)和经营中的现金流量(营运资金)以及利润分配的管理。财务管理是企业管理的一个组成部分,是根据财经法规制度,按照财务管理的原则,组织企业财务活动,处理财务关系的一项经济管理工作。

企业生产经营活动的复杂性,决定了企业管理必须包括多方面的内容,如生产管理、技术管理、劳动人事管理、设备管理、销售管理和财务管理等。各项工作是互相联系、紧密配合的,同时又有科学的分工,具有各自的特点。

(1)企业管理在实行分工、分权的过程中形成了一系列专业管理,有的侧重于使用价值的管理,有的侧重于价值的管理,有的侧重于劳动要素的管理,有的侧重于信息的管理。

(2)在企业管理中,一切涉及资金的收支活动,都与财务管理有关。

(3)在企业管理中,决策是否得当,经营是否合理,技术是否先进,产销是否顺畅,都可迅速地通过企业财务指标来反映。

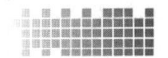

（二）财务管理的内容

财务管理的对象，即企业的资金及其运动。财务管理的内容主要包括资金的筹集、使用和分配。企业财务管理就是紧密围绕以下 3 个内容展开。

1. 筹集资金

筹资是通过一定渠道、采取适当方式筹措资金的财务活动，是财务管理的首要环节。企业可以通过发行股票和债券、吸收直接投资、向金融机构借款和取得商业信用等方式筹集资金。

2. 使用资金

投资指投资者当期投入一定数额的资金而期望在未来获得回报。企业可以通过对外投资、购买生产资料、发放工资、支付办公费和支付利息等方式使用资金。

3. 向投资者分配利润

利润分配是指将企业实现的利润，按照国家财务制度规定的分配形式和分配顺序，在国家、企业和投资者之间进行的分配。

（三）财务管理的目标

财务管理的目标是企业进行财务活动所要达到的根本目的，是评价企业财务活动合理性的标准，它决定财务管理的基本方向。

1. 财务管理的一般目标

明确财务管理目标，是搞好财务工作的前提。企业财务目标取决于企业生存和发展的目标。以下是 2 种常见的财务管理目标：

（1）利润最大化。利润代表了企业新创造的财富，利润越多说明企业的财富增加得越多。这种目标的优点是：讲求经济核算，加强管理，改进技术；提高劳动生产率，降低成本。其缺点也很明显，主要包括以下几个方面：没有考虑所获利润和投入资本额的关系；没有考虑资金时间价值；没能有效地考虑风险问题；易带有短期行为倾向。

（2）财富最大化。财富最大化即企业价值最大化。企业价值是企业所能创造的预计现金流量的现值，它反映了企业预期获利能力和成长能力。这种目标的优点是：考虑了取得报酬的时间因素，并用资金时间价值的原理进行计量；考虑了风险与报酬之间的联系；克服了短期行为。它的缺点是：股价受各种因素影响，不好确定（股份制企业）；未来收益的折现值计量较为困难（一般企业）。

2. 财务管理的具体目标

具体财务目标取决于财务管理的具体内容，即筹资、投资、营运资金与利润分配管理。

（1）筹资管理目标。在满足生产经营需要的情况下，以较低筹资成本和较小的筹资风险获取同样多或较多的资金。

（2）投资管理目标。以较低的投资风险与资金投放和使用，获得同样多的或较多的投资收益。

（3）营运资金管理目标。合理使用资金，加速资金周转，不断提高资金利用效果。

(4) 利润分配管理目标。合理确定利润的留存与分配比例以及分配形式,以提高企业的潜在收益能力,从而提高企业总价值。

(四) 财务管理的价值观念

1. 时间价值观念

资金时间价值是经济活动中一个非常重要的概念,它是指一定量资金在不同时间点上价值量的差额,是资金在周转使用中随着时间的推移而形成的价值增值。

资金时间价值的计算有单、复利形式,一般按复利计算。

2. 风险收益均衡观念

风险是在一定条件下和一定时期内可能发生的各种结果的变动程度。风险报酬则是投资者由于冒风险进行投资而获得的超过资金时间价值的额外收益。

风险和收益是一种对称关系,它要求等量风险带来等量收益,即风险收益均衡。

财务管理在风险方面的原则是:在一定的风险下,使收益达到较高的水平;在收益一定的情况下,风险维持在较低的水平。

二、筹资管理

企业筹资是指企业根据其生产经营、对外投资和调整资本结构的需要,通过筹资渠道和金融市场,运用筹资方式,经济有效地筹措所需资金的财务活动。企业在生产经营过程中可以通过多种方式取得资金。筹集资金的方式一般有吸收直接投资、发行股票、银行借款、商业信用、发行债券、发行融资券和租赁筹资。

(一) 筹资管理概述

1. 筹资的动机、要求和原则

(1) 筹资的动机包括维持性筹资动机、扩张性筹资动机、调整性筹资动机和混合性筹资动机。

(2) 对企业筹资管理的基本要求:科学地确定筹资数量,控制资金投放时间;认真选择筹资渠道和筹资方式;合理投资,提高效益。

(3) 企业筹资活动要遵循的基本原则:规模适当原则;筹措及时原则;来源合理原则;方式经济原则。

2. 筹资渠道和筹资方式

(1) 筹资渠道。筹资渠道是指企业筹集资金的来源或途径,即解决资金从哪里来的问题,是客观存在的筹措资金的来源和通道。目前我国企业筹资渠道主要有以下几种:

① 国家财政资金:国家财政拨款资金,国家直接投资,国家税前还贷。

② 银行信贷资金:企业负债资金的主要来源。

③ 非银行金融机构资金:如来自租赁公司、保险公司、证券公司、财务公司的资金。

④ 其他企业资金:企业之间相互投资及企业之间的商业信用。

⑤ 居民个人资金:吸收社会闲散资金。

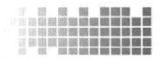

⑥ 企业自留资金：通过企业经营获利留存。

（2）筹资方式。筹资方式是指企业筹集资本所采取的具体形式，即解决如何取得资金的问题。

目前，我国企业筹资方式主要有吸收直接投资、发行股票、发行债券、银行借款、商业信用和融资租赁等。筹资渠道与筹资方式之间的关系如表2-2所示。

表2-2 筹资渠道与筹资方式的对应关系

	吸收直接投资	发行股票	银行借款	发行债券	商业信用	融资租赁
国家财政资金	√	√				
银行信贷资金			√			
非银行金融机构资金	√	√	√			√
其他企业资金				√	√	
居民个人资金	√	√		√		
企业自留资金	√	√				
外商资金	√	√				√

（二）借入资金的筹集

1. 短期借款

短期借款是借款的一种，与之相对的是长期借款。短期借款是指企业为维持正常的生产经营所需的资金或为抵偿某项债务而向银行或其他金融机构等外单位借入的、还款期限在一年以下（含一年）的各种借款。短期借款主要有经营周转借款、临时借款、结算借款、票据贴现借款等。

周转借款是公司为满足生产经营周转的需要，在流动资产计划占用额的范围内，为了弥补资金不足而向银行取得的借款；临时借款是指公司在生产经营过程中临时性或季节性原因需要超定额储备物资，而向银行取得的借款；结算借款是公司采用托收承付结算方式向异地发出商品，在委托收款期间为解决在途结算资金占用的需要，以托收承付结算凭证为保证向银行取得的借款。

短期借款的利率及其支付方法多种多样，银行将根据借款企业的情况选用。借款利率主要有优惠利率、浮动优惠利率和非优惠利率等。借款企业可以使用以下3种方法支付银行贷款利息：

（1）收款法。收款法是在借款到期时向银行支付利息的方法。

（2）贴现法。贴现法是银行向企业发放贷款时，先从本金中扣除利息部分，到期时借款企业则要偿还贷款全部本金的一种计息方法。采用这种方法，企业可利用的贷款额只有本金减去利息部分后的差额，因此贷款的实际利率高于名义利率。

$$实际利率 = 本金 \times 名义利率 \div 实际借款额$$
$$= 本金 \times 名义利率 \div (本金 - 利息)$$
$$= 名义利率 \div (1 - 名义利率)$$

(3) 加息法。加息法是银行发放分期等额偿还贷款时采用的利息收取方法。在分期等额偿还贷款的情况下,银行要将根据名义利率计算的利息加到贷款本金上计算出贷款的本息和,要求企业在贷款期内分期偿还本息之和的金额。

短期借款筹资方式的优点主要包括以下几点:

(1) 资金充足。银行资金充足,能随时为企业提供较多的短期贷款。对于季节性和临时性的资金需求,采用短期银行借款尤为方便。

(2) 筹资效率高。企业获得短期借款所需时间比长期借款短得多。

(3) 筹资弹性大。可在资金需要增加时借入,在资金需要减少时还款。

短期借款具有以下缺点:

(1) 资金成本高。短期借款成本比较高,不仅不能与商业信用相比,与短期融资券相比也高出许多,尤其是在补偿性余额借款、抵押借款的情况下。

(2) 限制较多。银行要对企业的经营和财务状况进行调查后才决定是否向企业贷款。

(3) 筹资风险大。短期资金的偿还期短,在筹资数额较大的情况下,如果公司资金周转率太低,就有可能无力按期偿还本金和利息,甚至被迫破产。

2. 长期借款

长期借款是指企业从银行或其他金融机构借入的期限在一年以上(不含一年)或超过一年的一个营业周期以上的各项借款。

按照付息方式与本金的偿还方式,可将长期借款分为分期付息到期还本长期借款、到期一次还本付息长期借款和分期偿还本息长期借款。

长期借款筹资方式的优点主要有以下几点:

(1) 不会影响企业的股权结构,有利于保护股东对企业的控制力。

(2) 在一定条件下可以增加股东的收益水平。当企业所获得的投资利润率高于长期负债的固定利率时,剩余利润全部归投资者所有。

(3) 长期借款利息的支出,可以作为财务费用从利润中扣除,减少了企业所交的所得税。

长期借款筹资方式的缺点主要有以下几点:

(1) 长期负债的利息总是企业必须定期支付的固定费用,如果企业经营状况不好,将成为企业沉重的负担。

(2) 长期负债的本金和利息都有明确的偿还日期,企业必须为债务的偿还做好财务安排。如果企业未能按期偿还利息和本金,将严重损害企业的信用,影响企业未来的经营和融资活动,甚至导致企业破产清算,因此长期负债将增加企业的财务风险。

三、流动资产管理

流动资产是指企业可以在一年或者超过一年的一个营业周期内变现或者运用的资产,是企业资产中必不可少的组成部分。

流动资产按表现形态,可以分为货币性流动资产和实物形态的流动资产。货币性流动资产以货币形态存在,包括结算资产和货币资产;实物形态的流动资产包括原材料、在产品、产成品等。流动资产在生产经营过程中经常改变其存在状态。

项目二　模拟企业经营知识准备

（一）现金管理

现金是指企业占用在各种货币形态上的资产，包括库存现金、银行存款等。企业现金管理的目的，就是在资产的流动性和盈利性之间做出抉择，提高资金的收益率。

企业持有现金的目的主要有以下几点：

（1）交易性需要也称作支付动机，是指企业必须持有一定的现金来满足生产经营过程中的支付需要。交易性需要产生于企业收入与支出的不同步。

（2）预防性需要是指企业为了应对经营的不确定性、应付意外的紧急情况需要而持有的现金。预防性现金流量的多少与企业的借款能力有关。

（3）投机性需要是指企业持有一定的现金以满足某种投资行为的需要。

现金管理的目标是确定最佳现金持有量，既保证正常需要，又不会出现现金的闲置。即在保证企业生产经营所需现金的同时，节约使用现金，并从暂时闲置的现金中获得最多的利息收入，也就是要在资产的流动性和盈利性之间做出选择协调，以获取最大的长期利润。

现金收支计划的编制是现金管理的主要内容之一。现金收支计划是预计未来一定时期企业现金的收支状况，并进行现金平衡的计划，是企业财务管理的一个重要工具。现金收支计划包括4个部分：

（1）现金收入包括营业现金收入和其他现金收入。营业现金收入的主体部分是产品销售收入，其数字可从销售计划中取得。财务人员根据销售计划资料编制现金计划时，应注意以下两点：一是必须把现销和赊销分开，并单独分析赊销的收款时间和金额；二是必须考虑企业收账中可能出现的有关因素，如现金折扣、销售退回等。其他现金收入通常有设备租赁收入、证券投资的利息收入等。

（2）现金支出包括营业现金支出和其他现金支出。前者主要有材料采购支出、工资支出和其他支出，后者则主要包括固定资产投资支出、债务的本金和利息的偿还、所得税的上交、股利支付等。

（3）净现金流量是指现金收入与现金支出的差额。

（4）现金余缺是指计划期现金期末余额与最佳现金余额（理想现金余额）相比后的差额。其调整的方式主要有两种：一是利用借款调整；二是利用有价证券调整。

（二）应收账款

应收账款是企业因对外销售产品、材料、供应劳务等而应向购货或接受劳务单位收取的款项。应收账款在企业的生产经营活动中的作用主要有以下几点：

（1）促进销售。在激烈的市场竞争中，采用赊销方式，为客户提供商业信用，可以扩大产品销售，提高产品的市场占有率。通常，为客户提供商业信用是不收利息的，所以对于接受商业信用的企业来说，实际上等于得到一笔无息贷款。与现销方式相比，客户更愿意采用赊销方式购买企业的产品，因此应收账款具有促销的功能。

（2）减少存货。赊销促销的同时，企业的商品数量自然会有所减少，加快了企业存货的周转速度。一般情况下，企业的应收账款所发生的相关费用与存货的仓储、保管费用相比相对较少。因此，企业通过赊销方式，将产品销售出去，资产由存货形态转化为应收账款，可以节约企业的费用。

应收账款的存在,一方面可增加销售收入,另一方面又因形成应收账款而增加经营风险。因此,应收账款管理目标是,在发挥应收账款强化竞争、扩大销售功能效应的同时,尽可能降低投资的机会成本、坏账损失与管理成本,最大限度地提高应收账款投资的效益。

(三) 存货管理

存货是指企业在日常活动中持有以备出售的产成品或商品、处在生产过程的在产品、在生产过程或提供劳务过程中耗用的材料和物料等。

存货在生产经营过程中发挥的作用主要包括以下几个方面:

(1) 防止企业生产经营中断。存货是保证企业生产经营顺利进行的前提条件。对于生产性企业而言,其存货在数量和时间上保持绝对平衡,如果没有一定的存货,一旦某一个环节出现问题,就会影响到企业正常的生产经营活动。

(2) 适应市场变化。一定数量的存货储备能够增加企业在生产和销售方面的应变能力。当市场需求量增加时,如果企业有适量的材料和产成品存货,就能及时满足市场变化的需要,为企业创利。

(3) 降低进货成本。一般来说,采购批量大,获得价格上的折扣就多,进价成本就低。同时,采购批量越大,采购次数就越小,采购费用就会降低。因此,适量的存货能够降低采购成本。

(4) 维持均衡生产,降低产品成本。当企业的产品具有季节性需求时,就会造成生产的不均衡。具备一定的存货,可以促进生产的均衡,从而降低生产成本。

存货管理的目标是要通过存货的规划、存货的日常管理等手段,在充分发挥存货功能的前提条件下,不断降低存货成本,以最低的存货成本保障企业生产经营的顺利进行。

四、收入与利润管理

(一) 收入管理

1. 收入的概念

收入是指企业在日常活动中所形成的、会导致所有者权益增加的、与所有者投入资本无关的经济利益的总流入,包括销售商品收入、劳务收入、让渡资产使用权收入、利息收入、租金收入、股利收入等。

2. 收入的特征

一般来说,收入具有以下特征:收入是从企业的日常活动中产生,而不是从偶发的交易或事项中产生;收入可能表现为企业资产的增加,或企业负债的减少,或者二者兼而有之;收入必然导致企业所有者权益的增加;收入只包括本企业经济利益的流入,不包括为第三方或客户代收的款项。

3. 营业收入的预测

销售收入预测是企业经过充分的市场调查研究,搜集有关信息数据,运用一定方法分析影响企业销售的各种因素,测算在未来一定时期内销售收入及其变动趋势。

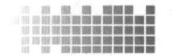

影响企业销售的因素有内部因素和外部因素。内部因素主要有商品质量、商誉、价格、生产能力、推销策略和售后服务质量等;外部因素有市场环境和社会政治经济形势等。

(1) 简单回归分析法。根据过去若干期间销售量的实际资料,找出某一主要影响因素,确定反映销售量变动与该因素关系的线性函数,并对此线性函数加以延伸来确定销售量预测值的一种方法。实际工作中,常按时间因素进行预测。

(2) 趋势分析法。趋势分析法就是根据企业销售的历史资料,用一定的计算方法测算未来销售的变化趋势的一种预测方法。它包括简单平均法和加权移动平均法。

(3) 量本利分析法。量本利分析法是通过分析销售量(或销售收入)、销售成本和保本点或目标利润之间的变化关系,建立数学模型,进行各种预测的方法。

(二) 利润管理

1. 利润管理的概念

利润是企业生存发展的核心指标,不论是投资人、债权人,还是企业经理人员,都非常关心企业的盈利能力,而利润管理是企业目标管理的重要组成部分,其行为结果会直接或间接地影响到各经济主体的利益。

适度的利润管理对企业的不断成长起着举足轻重的作用,但过度的利润管理会给企业带来一些不利的影响,不利于企业的经营决策,同时会使会计信息的真实性和决策的相关性失真。因此,对利润管理一定要适度,要将其限制在合理的范围之内。

2. 利润分配

利润分配是将企业实现的净利润,按照国家财务制度规定的分配形式和分配顺序,在国家、企业和投资者之间进行的分配。利润分配的过程与结果,是关系到所有者的合法权益能否得到保护,企业能否长期、稳定发展的重要问题,为此,企业必须加强利润分配的管理。企业利润分配的主体一般有国家、投资者、企业和企业内部职工。

企业按国家规定上缴所得税之后的利润即为净利润,其分配顺序一般如下:

(1) 提取法定盈余公积金。法定盈余公积金按照税后净利润的10%提取。法定盈余公积金已达注册资本的50%时可不再提取。

(2) 向投资人分配利润。企业以前年度未分配的利润,可以并入本年度分配。

任务三 生产运作管理

一、生产运作管理概述

(一) 生产运作管理的基本概念

1. 生产运作的概念

生产运作是一个"投入—转换—产出"的过程,即投入一定的资源,经过一系列多种形式

的转换,使其增值,最后以某种形式的产出提供给社会。这个能将一定投入转化为特定产出的有机整体具体包括以下几个方面:

(1) 投入。一般包括人、财、物、技术、信息等几个方面的资源要素。

(2) 转换。也称为劳动过程或价值增值过程,通常将有形产品的转换过程称为生产过程,而将无形产品的生产过程称为服务过程,也称为运作过程。

(3) 产出。包括有形产品和无形产品。前者指各种物质产品,后者指各种形式的服务。

(4) 增值。转换过程中发生价值增值反映了投入成本与产出价值或价格之间存在的差异。产出的价值由顾客愿意为该企业的产品或服务所支付的价格来衡量,其增值部分越大,说明其生产运作效率越高。

2. 生产运作管理的概念

生产运作管理是对生产运作活动的计划、组织和控制。其管理对象包括生产运作过程和生产运作系统。生产运作系统是由若干要素(如物料、设备、资金、技术等)构成的一个有机整体。

生产运作管理的基本任务,就是通过计划、组织与控制职能,把投入生产过程的人、财、物和信息等生产要素,根据生产运作过程的要求,有效地结合起来,形成有机的体系,以尽可能少的投入生产出尽可能多的物美价廉、适销对路的产品或服务,满足社会和用户需要,取得最佳的企业经济效益。

(二) 生产运作管理的内容

生产运作管理的内容主要包括以下几个方面:

(1) 生产准备与系统设计。它是指生产的物质准备工作、技术准备工作和组织工作,以及生产系统如何合理科学地进行设计。

(2) 生产运作计划。它是生产运作管理的重点和精华所在,是指与产品有关的生产计划工作和负荷分配工作,以及如何实现计划任务与生产能力的平衡等。

(3) 生产运作过程控制。它是指围绕完成计划任务情况所进行的检查、调整进度等工作。

(4) 先进的生产运作模式。为适应国际化和激烈的竞争形势,企业应尽快提高管理水平以使生产经营一体化,通过柔性化的生产系统实现多品种、小批量的生产方式。

(三) 生产的分类

1. 按生产性质可分为制造性生产和服务性生产

(1) 制造性生产是通过物理或化学作用将有形输入转化为有形输出的过程。制造业包括的行业相当广泛,产品品种也非常多,其生产过程及系统千差万别,可以采用多种标准来分类。

(2) 服务性生产又称非制造性生产,是指只提供劳务,而不制造有形产品的生产。

2. 按企业组织生产的特点可分为订货型生产和备货型生产

(1) 订货型生产(Make To Order,MTO)是根据用户提出的具体订货要求进行的生产。

(2) 备货型生产(Make To Stock,MTS)是指在没有接到用户订单时,在对市场需求量进行预测的基础上,按已有的标准产品或产品系列进行的生产。

订货型生产和备货型生产的主要区别如表2-3所示。

表2-3 订货型生产与备货型生产的主要区别

项　目	备货型生产	订货型生产
产品	标准产品	按用户要求生产,无标准产品,大量的变形产品与新产品
对产品的需求	可以预测	难以预测
价格	事先确定	订货时确定

为了缩短交货期,还有一种"按订单装配"式生产(Assemble To Order,ATO),即零部件是事先制作的,在接到订单之后,将有关的零部件装配成顾客所需的产品。按订单装配式生产必须以零部件通用化、标准化为前提。

3. 按工艺过程特点可分为加工装配型生产和流程型生产

(1) 加工装配型生产。它是指由工人借助机械手段,将产品结构中的各种零部件组合起来装配成产品的生产过程。产品是由离散的零部件装配而成,物料运动过程呈离散状态。加工装配型生产特点是工艺过程具有离散性。

(2) 流程型生产。它是指把一种或数种原材料投入生产后,经过一系列设备装置,进行化学或物理处理过程,最后制成产品的生产过程。流程型生产的加工设备和运输装置都需要进行大量投资,但由于产量大,可以降低成本,较快地收回投资。流程型生产特点是工艺过程具有连续性。

4. 按生产的专业化程度可分为大量大批生产、单件小批生产和成批生产

(1) 大量大批生产。生产的品种少,每一种品种的产量大,生产稳定而不断重复地进行。一般来说,这类产品在一定时期内具有相对稳定的社会需求。

(2) 单件小批生产。产品对象基本上是一次性需求的专用产品,一般不重复生产。生产中品种繁多,生产对象不断在变化。

(3) 成批生产。其对象是通用产品,生产具有重复性。它的特点是生产的品种较多,每种品种的产量不大,每一种产品都不能维持常年连续生产,所以在生产中形成多种产品轮番生产的局面。

(四) 生产运作管理在企业管理中的地位

1. 生产运作管理与经营管理的关系

经营管理属于企业的上层管理,它的任务是根据企业的外部环境,在市场预测的基础上,结合企业自身条件确定企业的经营战略、方针、目标和计划。生产运作管理属于企业的中层管理,它要解决根据企业经营决策所制定的经营目标和计划如何在生产运作中实现的问题。经营管理在企业管理系统中处于核心和支配地位,生产运作管理则相对处于从属和执行地位。

2. 生产运作管理与财务管理的关系

生产运作管理作为对物流的管理,其结果是追求资本的快速周转和不断增值。而这一

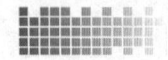

切都将迅速地反映在企业财务上。企业的财务成就又是生产管理追求的目标。财务管理应及时反馈生产管理的成效,促进生产管理的改善和发展。

3. 生产运作管理与营销管理的关系

生产运作管理是营销管理的基础,没有良好的生产运作管理,就不能按质、按量、按时地为消费者提供适销对路的产品和服务,而营销管理的成败又影响着生产运作的正常与否。准确迅速地反馈回来的市场信息是在生产运作中调整工作的依据。

二、新产品开发

(一) 新产品

1. 产品生命周期概念

产品生命周期,是指产品从投入市场开始直到被市场淘汰为止所经历的全部时间。它一般分为投入期、成长期、成熟期和衰退期4个阶段。

2. 新产品概念及类型

所谓新产品,是指在技术、性能、功能、结构、材质等一方面或几方面具有先进性或独创性的产品。按照新产品的创新程度,可将新产品分为以下几种类型:

(1) 全新新产品。它是指在产品结构、所用材料和生产工艺等方面具有独创性,与现有产品在功能和用途等方面截然不同的产品。

(2) 换代新产品。它是指在原有产品的基础上,部分采用新技术、新材料、新元件以适应新用途、满足新需要的产品。

(3) 改进新产品。它是指对现有产品改进性能,提高质量,或求得规格、型号的扩展,款式、花色的翻新而产生的新品种。

(二) 新产品开发的策略

1. 技术领先策略

采用这种策略的目的是赶在所有竞争者之前,率先采用新技术并使新产品最早进入市场,争取创名牌产品,获取较大的市场占有率和利润。采用这一策略时,要求企业实力雄厚,有较强的应用研究与开发研究力量,能先发制人,保证技术处于领先地位,但风险也较大。

2. 紧随领先者策略

通过迅速地仿用领先者的产品技术,在产品生命周期的成长期内将新产品投入市场。采用这种策略时,要求企业有较强的工程技术力量与应用开发能力。

3. 成本最低化策略

通过仿制,使产品以较低的成本开拓市场。它要求企业的设计与工艺部门在降低成本与费用方面有较强的能力。

4. 部分市场策略

这是一种将基本技术专门用来为少数特定需求服务的策略。它要求企业有较强的设计与工艺力量,并要求制造力量具有较强的适应性。

上述不同的新产品开发策略,适用于不同的情况和条件。每个企业具有自身的特点和优势,并面临不同的市场,必须考虑到自身的技术、设备、资金等条件,因地制宜、因时制宜地选择最合适的新产品开发策略。

(三)新产品开发的程序和内容

新产品开发的程序和内容一般包括以下几个方面:

(1) 确定新产品开发的目标。在这个阶段,企业必须根据总体经营目标和产品策略确定开发新产品的目标。

(2) 寻求新产品的设想。当新产品开发目标和实现这一目标的资源确定以后,必须寻求与发掘新产品的设想。

(3) 对新产品设想进行筛选和评价。大量的新设想产生后,经过研究分析和判断,挑选出符合企业经营目标的新设想,淘汰可行性差、成功率低的新设想和建议,使企业现有资源能集中用在成功率高的新产品开发上。

(4) 产品的研制与试验。经过经济分析与论证后选出新产品方案,将进入研制与试验阶段,试验出可供使用的新产品。这一阶段的工作直接关系到新产品的性能与质量,关系到新产品的生产效率与经济效益。

(5) 开拓市场。这是新产品进入商业化的阶段,也是一个试验与调整的阶段,并且是为新产品取得成功打下最后基础的阶段,很多问题在产品未进入市场前是不能充分暴露和充分认识的。

三、生产计划

(一)生产计划概述

生产计划是一个包括预测职能、需求管理、中期生产计划、主生产计划、材料计划、能力计划、设备计划、新产品开发计划等相关计划职能,并以生产控制信息的迅速反馈连接构成的复杂系统。

1. 生产计划体系

生产计划包括以下3个层次:

(1) 长期生产计划。属于战略计划范围,主要任务是进行产品决策、生产能力决策及确立何种竞争优势的决策,涉及产品发展方向、生产发展规模和新生产设施的建造等。

(2) 中期生产计划。属于战术性计划,主要任务是在正确预测市场需求的基础上,对企业在计划年度内的生产任务做出统筹安排。

(3) 短期生产计划。也称生产作业计划,主要任务是直接依据用户的订单,合理地安排生产活动的每一个细节,使之紧密衔接,以确保按用户要求的质量、数量和交货期交货。

2. 生产计划的策略

在制订生产计划时,有如下3种基本策略:

(1) 追赶策略。在计划时间范围内调节生产速率或人员水平,以适应需求。

(2) 平衡策略。在计划期内保持生产速率和人员水平不变,使用调节库存或部分开工来适应需求。

(3) 混合策略。对于一个企业来说,最好的策略应该是将调节库存、人员水平小幅度变动、加班等几种方式结合使用,即采取一种混合策略。

3. 生产计划的主要指标

生产计划的主要指标有产品品种指标、产量指标、质量指标、产值指标和出产期指标等。这些指标各有不同的内容和作用,并从不同的侧面来反映对生产的要求。

(1) 产品品种指标是企业在计划期内生产的产品品名和品种数。

(2) 产品质量指标是指企业在计划期内提高产品质量应当达到的指标。

(3) 产量指标是指企业在计划期内出产的符合质量标准的产品数量。

(4) 产值指标是用货币表示的产量指标。

(5) 出产期指标是为了保证按期交货确定的产品出产期限。

4. 生产计划的编制步骤

生产计划的编制步骤是:测算总产量指标;测算分产量指标;编制安排产品出产进度,编制产品出产进度计划。

测算总产量指标,首先需要制订年度内产品需求的计划,然后需要检查企业的生产能力能否满足计划产量的需要。测算分产量指标就是确定一个合理而有利的产品品种的构成方案。

制定总产量和分品种产量指标时的生产能力平衡的测算是按全年的生产能力的总量计算的,而且主要是检查关键设备的能力。

(二) 生产计划的内容

1. 综合生产计划

综合生产计划又称生产大纲,是对企业未来较长一段时间内资源和需求之间的平衡所做的概括性设想,是根据企业所拥有的生产能力和需求预测对企业未来较长一段时间内的产出内容、产出量、劳动力水平、库存投资等问题所做的决策性描述。它主要是生产计划指标的确定。

2. 主生产计划

主生产计划要确定每一具体的最终产品在每一具体时间段内的生产数量。

3. 物料需求计划

物料需求计划是根据主生产计划的要求,对所需的全部物料(零部件)所做出的安排。要制定出零部件与原材料何时采购、何时生产、不同的量及不同时期的具体数值,这是一项非常复杂的工作。

(三) 生产能力计划

1. 生产能力的概念

所谓生产能力,是指企业的固定资产,在一定时期内、一定的技术组织条件下,所能生产的一定种类产品的最大产量。企业生产能力是制订生产计划的依据之一。

2. 生产能力的基本类型

(1) 设计能力指企业在其设计任务书和技术文件中规定的应达到的最大年产量。它是确定生产规模、编制长期规划、安排基建和技术改造的依据。

(2) 查定能力指企业在没有设计能力或原来的设计能力不能反映实际情况时,由企业重新调查核定的生产能力。

(3) 计划能力(现有生产能力)指企业在计划年度内实际能够达到的生产能力。它是编制年度计划、确定生产计划指标的依据。

3. 影响生产能力的因素

(1) 产品的品种、技术复杂程度及生产组织方式。

(2) 生产设备的数量和生产面积、生产效率及时间的有效利用率。

(3) 劳动者技术水平和劳动技能的熟练程度。

(4) 企业所能运用的物质资源的数量,包括原材料和能源等。

(5) 企业经营管理水平。

4. 生产能力的计算方法

(1) 机器设备生产能力的计算公式如下:

$$M=FS/t \quad 或 \quad M=FSP$$

式中,M 为某设备组生产能力;F 为计划期单位设备的有效工作时间(小时);S 为设备组内的设备数量;t 为制造单位产品所需设备的台时数;P 为单位设备单位时间产量定额。

(2) 作业场地生产能力的计算公式如下:

$$M=\frac{FA}{at}$$

式中,M 为某作业组生产能力;F 为单位作业面积的有效利用时间总额(小时);A 为作业面积数量(平方米);t 为制造单位产品所需时间;a 为制造单位产品所需生产面积(平方米/台或件)。

四、供应链管理

(一) 供应链管理的概念

1. 供应链的概念

供应链是围绕核心企业,通过对信息流、物流、资金流的控制,从采购原材料开始,到制成中间产品及最终产品,最后由销售网络把产品送到消费者手中,将供应商、制造商、分销商、零售商直到最终用户联成一个整体的功能网链结构模式。

2. 供应链管理的概念

供应链管理是一种集成的管理思想和方法,它执行供应链中从供应商到最终用户的物流的计划和控制等职能。供应链管理把供应链上的各个企业作为一个不可分割的整体,使供应链上各企业分担采购、生产、分销和销售等职能,成为一个协调发展的有机体。要成功实施供应链管理,使供应链管理真正成为有竞争力的武器,就要抛弃传统的管理思想,把企业内部及节点企业之间的各种业务看作一个整体功能过程,形成集成化供应链管理体系。没有集成化,供应链上的每个企业组织在运作的过程中采取的是独立行动,而不是合作行动,很难实现全局最优的目标。通过供应链集成化管理,可以鉴别出整条链上的冗余行为和非增值行为,从而提高整个供应链上每一成员的效益和竞争力。

3. 供应链管理的基本特点

供应链管理与传统管理相比,具有以下特点:

(1) 供应链管理视所有节点企业为一个整体,将各个企业原本独立的业务活动,通过信息共享与流程重构等手段进行有机衔接,以达到以下目的,即减少冗余活动,改善活动之间的合理性和协同性,提高作业速度和效率。这与传统管理模式完全依托库存将各项业务活动联系起来的方式,具有本质的区别。

(2) 供应链管理注重战略管理思维。首先,供应链作为一种组织形式的创新,其目的是要在相关企业之间通过各种管理方法和技术手段的运用,形成一种长期的战略合作伙伴关系,注重在战略层次上提升供应链的竞争能力。其次,"供应"是对整个供应链中各节点企业之间共享与共生关系的浓缩,它们之间供应与需求的不仅是产品与服务,更深层次的意义在于相互能力的互补。这与传统企业内部的部门设置和职能分工有本质的区别。

(3) 供应链管理的最关键理念是采用集成化的思想和方法,通过信息共享,把各个节点企业的作业活动镶嵌在整个供应链的业务流程中,而不仅仅是产品和服务的首尾连接。如果说供应链的节点企业多是有机的、协同的作业方式,那么,传统企业之间的合作则多是简单的、串行的作业方式。

(二) 采购管理

1. 采购管理的内容

采购管理的内容包括采购计划与预算,供应商开发管理,采购物流管理,采购绩效评估,采购信息平台搭建,采购管理制度建立、工作标准、运作程序与作业流程以及采购策略规划。

2. 采购步骤

采购工作通常包括以下步骤:从各职能部门和库存管理部门获得对各种物资的需要量;了解对各种物资的技术要求和等级;按不同的供应商将物资分类编组;对特定的物资进行招投标;按质量、价格、交货期等进行评标;选择供应商,发出订货后,进行催货;掌握供货进程,检查到货进度和质量情况;随时记录价格、质量等信息,以便对供应商进行评价。

3. 准时化采购

(1) 准时化采购的含义。准时化采购也叫 JIT(Just-In-Time)采购法,是一种先进的采购模式。其基本思想是在恰当的时间、恰当的地点,以恰当的数量、恰当的质量提供恰当的物品。它是从准时生产发展而来的,是为了清除库存和不必要的浪费而进行的持续性改进。准时化采购包括供应商的支持与合作及制造过程、货物运输系统等一系列的内容。准时化采购不但可以减少库存,还可以加快库存周转、缩短提前期、提高购物的质量,以及获得满意交货等。

(2) 准时化采购与传统采购的区别。准时化采购与传统采购的区别如表 2-4 所示。

表 2-4 准时化采购与传统采购的区别

项　目	准时化采购	传统采购
采购批量	小批量,送货频率高	大批量,送货频率低
供应商选择	长期合作,单源供应	短期合作,多源供应
供应商评价	质量、交货期、价格	质量、价格、交货期
检查工作	逐渐减少,最后消除	收货,点货,质量验收
协商内容	长期合作关系、质量保证和价格合理	获得最低价格
运输	准时送货,买方负责安排	较低的成本,买方负责安排

(3) 准时化采购的实施。供应链上的节点企业有效地实施准时化采购,可以采用以下方法:创建准时化采购班组;制订计划,确保准时化采购策略有计划、有步骤地实施;精选少数供应商,建立伙伴关系;进行试点工作;搞好供应商的培训,确定共同目标;向供应商颁发产品免检合格证书;实现配合准时化生产的交货方式;继续改进,扩大成果。

4. 批量采购管理

订购批量就是每次订购原材料的数量。降低订购批量,一方面可以使存货的储存成本随着平均储存量的下降而下降,因为平均储存量相当于订购批量的一半;另一方面却使订货成本随着订购批数的增加而增加。反之,减少订货批数以降低订货成本,又会增加储存成本。采购管理者要计算出这两种成本的年合计数。最低的订购批量,即经济订购批量。经济订购批量要求的订购批数,即最优订购批数。

(三) 库存管理

1. 库存的基本概念

从客观上来说,所谓库存,是企业用于今后销售或使用的储备物料。制造业的库存主要包括原材料、辅助材料、在制品、产成品、外购件及运输中的货物等。

2. 库存的种类

按库存用途分类,主要包括经常性库存、保险性库存和季节性库存。

(1) 经常性库存指企业前后两次订货时间间隔期内,为保证企业正常生产必须耗用的物资储备量。

(2) 保险性库存指企业为防止由于原材料供应商生产或运输过程可能出现的错误而设置的物资储备量。

(3) 季节性库存指企业为防止季节性变化影响进货而设立的物资储备量。

3. 库存管理的任务

库存控制工作的难点是如何在正确处理、充分发挥库存功能的同时尽可能地降低库存成本。此两者间存在一些内在的矛盾,在进行库存控制工作时应该侧重完成以下几项任务:

(1) 保障生产供应。库存的基本功能是保证生产的正常进行。企业维持适度的库存,可以避免因供应不足而出现非计划性的生产间断。

(2) 控制生产系统的工作状态。一个精心设计的生产系统,会存在一个正常的工作状态,此时,生产按部就班地有序进行,生产系统中库存情况,特别是在制品的数量,与该生产系统所设定的在制品定额相近。反之,如果一个生产系统的库存失控,那么该生产系统也很难处于正常的工作状态。因此,现代库存管理理论将库存控制与生产控制结合为一体,通过对库存情况的监控,达到生产系统整体控制的目的。

(3) 降低生产成本。控制生产成本是生产管理的重要工作之一。无论是生产过程中的物资消耗,还是生产过程中流动资金的占用,均与生产系统的库存控制有关。通过有效的库存控制,企业在保障生产的同时可以减少库存量,提高库存物资利用率,从而起到降低生产成本的作用。

4. 库存控制的 ABC 管理法

库存控制中,在库存量与资金占用量之间存在着这样一种关系:少数库存项目占用着大部分的库存资金,相反,大多数的库存物资仅占全部库存资金的小部分。根据这一特点,采取重点管理少数价值高的物品的策略,可以收到很好的效果。ABC 分类法就是为了体现这个思想而设计的,方法十分简单,却非常有效。ABC 分类管理就是按照一定的标准,将企业的存货分为 A、B、C 三类,分别实行分品种重点管理、分类别一般控制和按总额灵活掌握的存货管理方法。

五、生产运作管理新模式

(一)准时化生产方式

1. 准时化生产的基本含义

准时化生产,又称无库存或零库存生产方式,它是由日本丰田汽车公司于 20 世纪 70 年代创立的,由于其具有高质量、低成本、富有弹性、应变能力强、能灵活适应市场需求变化等特点而受到企业界的广泛关注,并对日本汽车工业国际市场竞争力的增强和提高产生了重要作用和影响。

准时化生产的基本含义是:只在需要的时间和地点,生产必要数量和完美质量的产品和零部件,以杜绝超量生产,消除无效劳动和浪费,达到用最少的投入实现最大产出的目的。准时化生产的核心是追求多品种、中小批量生产的合理性、高效性和适应性,以彻底消除无效劳动和浪费。

2. 准时化生产的基本方法

为了彻底消除企业中存在的大量无效劳动和浪费,准时化生产采取的基本方法是适时适量生产、弹性配置作业人员和质量保证。

(1) 适时适量生产。准时化生产所要表达的真正含义是"在需要的时候,按需要的量生产所需要的产品"。

(2) 弹性配置作业人员。在劳动力成本越来越高的今天,降低劳动力成本无疑是降低总成本的一个重要方面。而降低劳动力成本的主要途径是少人化,即根据生产量的变动,弹性地增减各生产线的作业人员,尽量用较少的人力完成较多的生产。实现少人化的具体方法是实施独特的设备布置,以便能够将需求减少时各作业点减少的工作集中起来,以整数削减人员。

(3) 质量保证。准时化生产方式认为,提高质量与降低成本具有一致性,其具体方法是实现质量检验的"自动化",即在生产组织中融入两种机制。第一,使设备或生产线能够自动检测不良产品,一旦发现异常或不良产品,可以自动停止设备运行。为此在设备上开发、安装了各种自动停止装置和加工状态检测装置。第二,管理中心下移,对生产线上的作业人员进行授权,规定生产线上的设备操作人员一旦发现产品或设备出现问题,有权自行停止生产线。

3. 实施适时适量生产的具体方法

(1) 生产同步化。为了实现适时适量生产,首先需要致力于生产的同步化,即工序间不设置仓库,在制品在前一道工序加工结束后,立即转到下一道工序,装配线与机器加工几乎平行进行,产品被一件一件连续地生产出来。生产的同步化是通过"后工序领取"的方法来实现的。其特点是变"推动式"生产为"拉动式"生产,即后工序只在需要的时候到前工序领取所需的加工品,前工序只按照被领取走的数量和品种进行生产。这样,最后一道制造工序,即总装配线,成为生产的出发点。生产计划只下达给总装配线,以装配为起点,在需要的时候向前工序领取必要的零部件,前工序在提供了必要零部件后,为了补充生产被领走的量,必然会向前一道工序领取所需的零部件。这样一层一层向前工序领取,直到粗加工及原材料部门,把各个工序连接起来,实现同步化生产。

(2) 生产均衡化。生产均衡化是实现适时适量生产的前提条件。所谓生产均衡化,是指总装配线在向前工序领取零部件时,应均衡地使用各种零部件,混合生产各种产品。为此,在制订生产计划时就必须加以考虑,然后将其体现在产品生产计划中。在制造阶段,均衡化通过专用设备通用化和制定标准作业来实现。所谓专用设备通用化,是指通过在专用设备上增加一些工具、夹具等方法,使之能够加工多种不同的零部件或产品。制定标准作业是指将作业节拍内一个作业人员所应担当的作业内容标准化。

(3) 实现适时适量生产的管理工具。在实现适时适量生产中,具有极为重要意义的管理工具是看板。看板管理可以说是准时化生产方式中最独特的部分,因此,也有人将准时化生产方式称为"看板方式"。但严格地讲是不正确的,因为准时化生产方式的本质是一种管理技术,而看板只不过是实现准时化管理的一种工具。

看板的主要机能是传递和运送生产指令。在准时化生产方式中,生产的月度计划是集中制订的,同时传达到各工厂和协作企业。而与此相应的日生产指令只下达到最后一道工序或总装配线,对其他工序的生产指令均通过看板来实现,即后工序在需要的时候用看板向前工序领取所需的量,同时也向前工序发出了生产指令。由于生产不可能完全按照生产计划来进行,日生产量的不均衡以及日生产计划的修改都通过看板来实现微调。同时,看板还具有改善的功能,通过看板可以发现生产中存在的问题,从而立即采取改善的对策。

4. 弹性作业人员的实现方法——少人化

少人化是通过对人力资源的调整或重新安排来提高生产率。少人化的实质是作业人员随着生产量的变化而变化,即生产量大时增加作业人员,生产量小时减少作业人员,使作业人员的数量与生产量保持一致。

要实现少人化,需要以下 3 个前提条件:一是要有适当的设备布置。方法是采取设备的联合 U 形布置,使每个作业人员的工作范围可以简单地扩大或缩小。二是要有训练有素、具备多种技能的作业人员,即"多面手"。培养"多面手"的方法主要是对作业人员实行"职务定期轮换"制度。三是要经常审核和定期修改标准作业组合。标准作业组合的改变可以通过不断改善作业方法和设备来进行,目的在于使产量不变或增加,同时尽可能使作业人数保持最少。

(二) 精益生产方式

1. 精益生产的内涵

精益生产(Lean Production,LP)是美国研究人员通过大量实地考察和研究,在对西方大量生产方式与日本丰田公司生产方式分析的基础上,于1990年提出的新型管理方式。这种生产方式以整体优化的观点,科学合理地组织与配置企业拥有的生产要素,消除生产过程中一切不产生附加价值的劳动和资源,以人为中心,以简化为手段,以尽善尽美为最终目标,使企业适应市场的应变能力增强,取得更高的经济效益。

所谓精益生产,就是企业紧紧围绕市场需求来组织生产,以市场需求的品种、数量、时间和质量来拉动企业生产的品种、数量、时间和质量。也就是企业以市场需求为依据,准时地组织各环节生产,一环拉动一环,消除生产过程中的一切松弛点,从而最大限度地提高生产过程的有效性和经济性,尽善尽美地满足用户的需求。

2. 精益生产的内容

精益生产是对准时化生产方式的进一步提炼和理论总结,其主要内容概括如下:

(1) 在生产系统方面,以作业现场具有高度工作热情的"多面手"和独特的设备配置为基础,将质量控制融入每一个生产工序中去。生产迅速,能够灵活敏捷地适应产品的设计变更、产品变化及多品种混合生产的要求。

(2) 在零部件供应系统方面,主张与零部件供应厂家保持长期稳定的全面合作关系,包括资金合作、技术合作及人员合作,形成一种"命运共同体",并注重培养和提高零部件供应厂家的技术能力和开发能力,使零部件供应系统也能够灵活敏捷地适应产品的设计变更及产品变换。进一步地,通过管理信息系统的支持,使零部件供应厂家也共享企业的生产管理信息,从而保证及时、准确地交货。

(3) 在产品的研究开发方面,以并行工程和团队工作方式为研发队伍的主要组织形式和工作方式。在一系列开发过程中,强调产品开发、设计、工艺、制造等不同部门之间的信息沟通和并行开发。这种并行开发还扩大至零部件供应厂家,充分利用他们的开发能力,促使其从早期开始参与开发,由此大大缩短开发周期并降低成本。

(4) 在流通方面,与顾客及零售商、批发商建立一种长期的关系,使来自顾客、零售商、批发商的订货与工厂的生产系统直接挂钩,使销售成为生产活动的起点。极力减少流通环节的库存,并使销售和服务机能紧密结合,以迅速、周到的服务来最大限度地满足顾客的需求。

(5) 在人力资源利用上,形成一套劳资互惠的管理体制,并一改大量生产方式中把工人只看作一种"机器的延伸"的机械式管理方法,通过质量控制小组、提案制度、团队工作方式和目标管理等一系列具体方法,调动和激发员工进行创造性思考的积极性,并注重培养和训练工人以及各级管理人员的多方面技能,最大限度地发挥和利用企业组织中每个人的潜在能力,由此提高职工的工作热情和工作兴趣。

(6) 在管理理念上,把现有的生产方式、管理方式看作改善的对象,不断地追求降低成

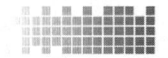

本、降低费用、完善质量、零缺陷、多品种、多样化等目标。

总而言之,精益生产是一种在降低成本的同时使质量显著提高,增加生产系统柔性的同时使人增加对工作的兴趣和热情的生产方式。与资源消耗型的大量生产方式相比,这是一种资源节约型和劳动节约型的生产方式。

任务四　市场营销管理

一、市场营销总论

(一) 市场的概念

随着商品生产的发展,市场的概念也在发展,人们常常从不同角度去理解市场,主要的定义有以下几个:

(1) 市场是商品交换关系的总和。这是经济学上对市场的理解。通常说的市场调节、市场供给中的市场就是经济学意义上的市场。

(2) 市场是买主和卖主进行商品交换的场所。这是一个关于市场的古老定义。如今,这一定义仍然被广泛地使用。

(3) 市场是某项产品或劳务现实的或潜在的购买者集合。这是站在卖方角度,作为供给的一方来研究如何适应买方的要求,如何组织整体营销活动,如何拓展销路,以达到卖方的经营要求。现代市场营销学一般都从卖方角度来理解"市场"这个概念的含义。

(二) 市场营销的概念

西方国家对营销的解释如下:

(1) 营销有时候是指社会的某些经济活动,即宏观市场营销,它是以这个社会发展和商品产销为基础,宏观地分析和把握市场营销活动。

(2) 营销有时候指企业的某些经济活动,即微观市场营销。

我国研究市场营销,主要从企业经营角度研究市场营销,即微观市场营销,并不研究市场供求理论、市场供求状态等,而是站在卖方的角度研究如何满足消费者需求,实现企业利润的整个营销管理活动。

(三) 市场营销过程

在每个业务单位内,市场营销的作用都是帮助实现战略总目标。市场营销在组织中的作用和活动如图2-4所示,该图概括了整个市场营销过程,以及影响企业营销战略的主要力量。

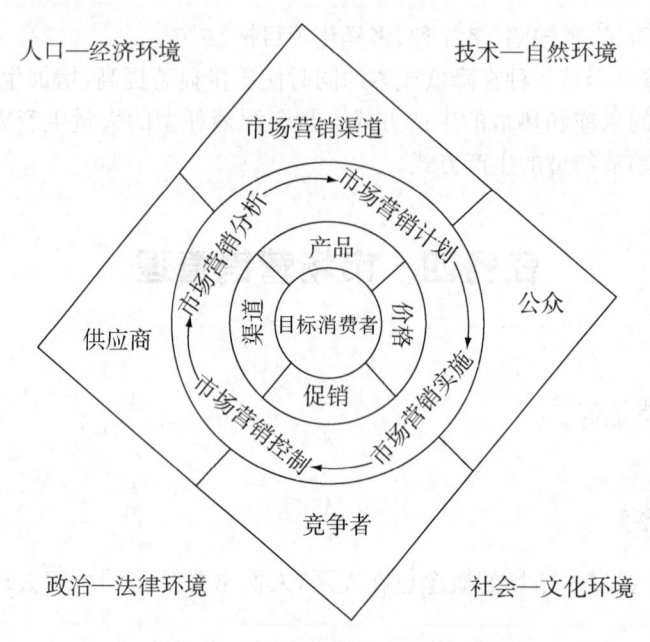

图 2-4 影响企业营销战略的因素

从图中可以看出目标消费者位居中心,企业识别总体市场,将其划分为较小的细分市场,选择最有开发价值的细分市场,并集中力量满足和服务于这些细分市场。企业设计由其控制的四大要素(产品、价格、渠道和促销)所组成的市场营销组合。为了找到和实施最好的营销组合,要进行市场营销分析、计划、实施和控制。通过这些活动,观察并应变于市场营销环境。

1. 目标消费者

为了在竞争激烈的市场中获胜,企业必须以顾客为中心,从竞争对手那里赢得顾客,并通过提供更大的价值来保住顾客。但是,在满足顾客之前,企业必须先了解顾客的需求和欲望。因此,要仔细分析消费者,至少不能以同一种方式来满足所有的消费者。消费者的类型太多,他们的需求种类也太多,而且,一些企业在为某些细分市场服务方面处于优势,因此,每个企业都必须分割总体市场,选择最好的细分市场,并制定战略以便以优于竞争对手的方式服务于选定的细分市场,赚得利润。这一过程包括 3 个步骤:市场细分、目标市场选择、市场定位。

2. 设计营销组合

企业一旦对其竞争性营销总战略做出了决策,就要开始准备计划营销组合的详细内容。所谓营销组合,是指企业为了在目标市场制造它想要的反应而混合采用的一组可控制的战术营销手段。营销组合包括企业为影响对其产品的需求而做的任何事情,大致可分为 4 组变量,被称为 4P,即产品(Product)、价格(Price)、渠道(Place)和促销(Promotion)。其具体营销手段如图 2-5 所示。

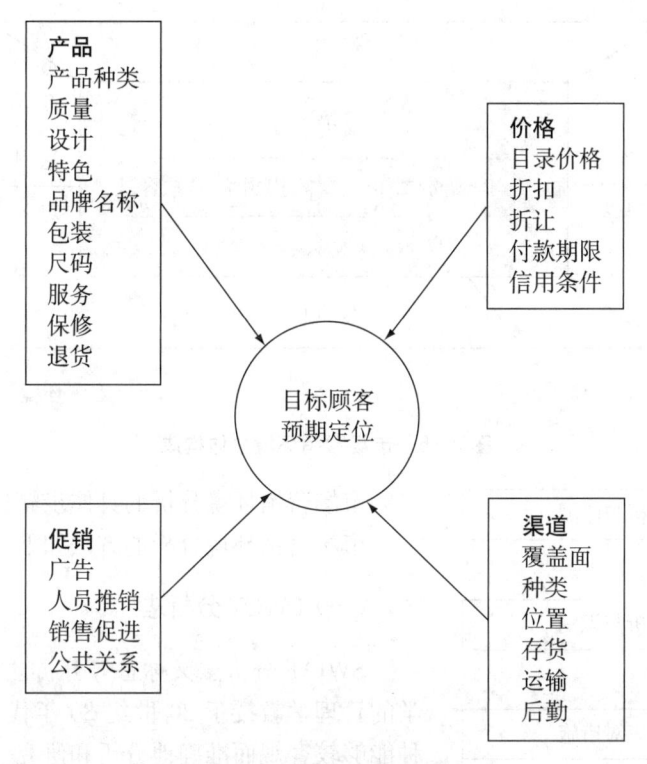

产品
产品种类
质量
设计
特色
品牌名称
包装
尺码
服务
保修
退货

价格
目录价格
折扣
折让
付款期限
信用条件

目标顾客
预期定位

促销
广告
人员推销
销售促进
公共关系

渠道
覆盖面
种类
位置
存货
运输
后勤

图 2-5　营销组合的 4P

(1) 产品是指企业向目标市场提供的商品和服务的结合体。
(2) 价格是指顾客为获得产品而必须支付的金额。
(3) 渠道包括企业为使产品到达目标消费者手中而进行的活动。
(4) 促销是指传递产品优点并说服目标顾客购买该产品的活动。

二、市场营销环境分析

所谓市场营销环境，就是指影响企业市场营销活动及其目标实现的各种因素和动向的总和。企业要主动地适应环境，而且要通过营销去影响环境，使环境有利于企业的生存和发展。

按照企业对市场营销环境是否可控，可把企业营销环境分为两大部分：宏观环境和微观环境。微观环境指与企业关系密切、能够直接影响企业服务顾客能力的各种因素。企业一般可以对这些因素进行控制和影响，如企业自身、供应商、销售渠道、顾客、竞争对手及公众。宏观环境是指能够影响整个微观环境的广泛的社会性因素。一般来说，这些因素是间接影响企业营销活动的，且企业对其不可以控制，如人口、经济、自然环境、科学技术、政治法律和社会文化等因素，具体如图 2-6 所示。

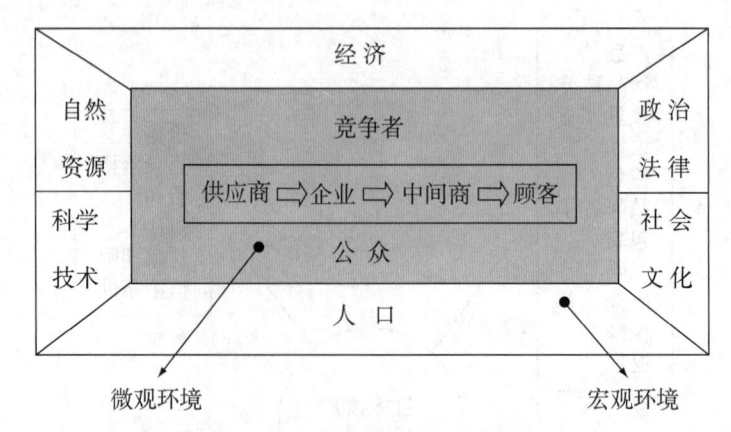

图 2-6　市场营销环境总体构成

市场营销环境分析的具体步骤如图 2-7 所示。市场营销环境分析的方法如下。

(一) SWOT 分析法

SWOT 分析法又称态势分析法,它是由旧金山大学的管理学教授于 20 世纪 80 年代初提出来的,是一种能够较客观而准确地分析和研究一个企业市场营销环境情况的方法。

图 2-7　市场营销环境分析的步骤

SWOT 四个英文字母分别代表:优势(Strength)、劣势(Weakness)、机会(Opportunity)、威胁(Threat)。从整体上看,SWOT 可以分为两部分:第一部分为 SW,主要用来分析企业的内部环境条件;第二部分为 OT,主要用来分析企业的外部环境条件。利用这种方法可以从中找出对企业有利的、值得发扬的因素,以及对企业不利的、要避开的因素,发现存在的问题,找出解决办法,并明确以后的发展方向。

(1) 优势(S)是指一个企业超越其竞争对手的能力,或者指公司所特有的能提高公司竞争力的能力。例如,当两个企业处在同一市场,如果其中一个企业有更高的盈利率或盈利潜力,那么,这个企业比另外一个企业更具有竞争优势。

竞争优势包括技术技能优势、有形资产优势、无形资产优势、人力资源优势、组织体系优势和竞争能力优势等。

(2) 劣势(W)是指某种企业缺少或做得不好的东西,或指某种会使企业处于劣势的条件。

可能导致内部弱势的因素有:缺乏具有竞争意义的技能技术,缺乏有竞争力的有形资产、无形资产、人力资源、组织资产,关键领域里的竞争能力正在丧失。

(3) 机会(O)是指企业外部营销环境中直接影响企业发展的有利因素。企业管理者应当确认每一个机会,评价每一个机会的成长和利润前景,选取那些可与企业财务和组织资源匹配,使企业获得竞争优势的潜力最大的最佳机会。

潜在的发展机会可能是:客户群的扩大趋势或产品细分市场;技能技术向新产品新业务转移,为更大客户群服务;前向或后向整合;市场进入壁垒降低;获得并购竞争对手的能力;市场需求增长强劲,可快速扩张;出现向其他地理区域扩张,扩大市场份额的机会。

(4) 威胁(T)是指企业外部营销环境中直接影响企业发展的不利因素。在企业的外部环境中,总是存在某些对企业的盈利能力和市场地位构成威胁的因素。企业管理者应当及时确认危及企业未来利益的威胁,做出评价并采取相应的战略行动来抵消或减轻它们所产生的影响。

企业的外部威胁可能是:出现将进入市场的强大的新竞争对手;替代品抢占公司销售额;主要产品市场增长率下降;汇率和外贸政策的不利变动;人口特征、社会消费方式的不利变动;客户或供应商的谈判能力提高;市场需求减少;容易受到经济萧条和业务周期的冲击。

由于企业的整体性和竞争优势来源的广泛性,在做优劣势分析时,必须从整个价值链的每个环节上,将企业与竞争对手做详细的对比。

(二) SWOT 分析法的步骤

(1) 分析环境因素。运用各种调查研究方法,分析出企业所处的各种环境因素,即外部环境因素和内部环境因素。外部环境因素包括机会因素和威胁因素,它们是外部环境对企业的发展有直接影响的有利和不利因素,属于客观因素。内部环境因素包括优势因素和弱点因素,它们是公司在其发展中自身存在的积极和消极因素,属于主动因素。在调查分析这些因素时,不仅要考虑到历史与现状,还要考虑到未来发展问题。

(2) 构造 SWOT 矩阵。将调查得出的各种因素根据影响程度等排序方式,构造 SWOT 矩阵。在此过程中,将那些对企业发展有直接的、重要的影响因素优先排列出来,而将那些间接的、次要的影响因素排列在后面。

(3) 制订行动计划。在完成环境因素分析和 SWOT 矩阵的构造后,便可以制订出相应的行动计划。运用系统分析的综合分析方法,将排列与考虑的各种环境因素相互匹配起来加以组合,得出一系列企业未来发展的可选择对策。

三、营销策略

(一) 产品策略

1. 产品策略概念

产品策略是市场营销的核心,是价格策略、分销策略和促销策略的基础,是企业生产活动的中心。因此,产品策略是企业市场营销活动的支柱和基石。

企业的一切生产经营活动都是围绕产品进行的,即通过及时、有效地提供消费者所需要的产品而实现企业的发展目标。企业生产什么产品?为谁生产产品?生产多少产品?这些是制定企业产品策略时必须回答的问题。

2. 新产品开发战略

产品的竞争领域、新产品开发的目标及实现目标的措施构成了新产品战略。关于新产品开发策略,本书项目二任务三已有论述,所以本任务将从另一个角度简述如下:

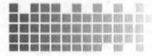

(1) 冒险或创业战略。中小企业显然不适合运用此战略。

(2) 进取战略。该新产品战略的风险相对要小。

(3) 紧跟战略。许多中小企业在发展之初常采用此战略。

(4) 保持地位或防御战略。成熟产业或夕阳产业中的中小企业常采用此战略。

3. 产品生命周期

在产品生命周期的不同阶段,产品的市场占有率、销售额和利润额是不一样的。在导入期,产品销售量增长较慢,利润额多为负数。当销售量迅速增长,利润由负变正并迅速上升时,产品进入了成长期。经过快速增长的销售量逐渐趋于稳定,利润增长处于停滞,说明产品成熟期来临。在成熟期的后一阶段,产品销售量缓慢下降,利润开始下滑。当销售量加速递减,利润也较快下降时,产品便步入了衰退期。研究产品生命周期对企业营销活动具有十分重要的启发意义。

4. 营销策略

导入期是新产品的最初销售时期,只有少数创新者和早期采用者购买产品,销售量小,促销费用和制造成本很高,竞争也不太激烈。在这一阶段,企业的营销策略是,把销售力量直接投向最有可能购买者,即新产品的创新者和早期采用者,让这两类消费者可以加快新产品的扩散速度,缩短导入期的时间。具体可选择的营销策略有:① 快速撇脂策略,即高价、高强度促销;② 缓慢撇脂策略,即高价、低强度促销;③ 快速渗透策略,即低价、高强度促销;④ 缓慢渗透策略,即低价、低强度促销。

成长期的产品,其性能基本稳定,大部分消费者对产品已熟悉,销售量快速增长,竞争者不断进入,市场竞争加剧。企业为维持其市场增长率,可采取以下策略:① 改进和完善产品;② 寻求新的细分市场;③ 改变广告宣传的重点;④ 适时降价。

成熟期的营销策略应该是主动出击,以便尽量延长产品的成熟期,具体策略有:① 市场改良策略,即通过开发产品的新用途和寻找新用户来扩大产品的销售量;② 产品改良策略,即通过提高产品的质量,增加产品的使用功能,改进产品的款式、包装,提供新的服务等来吸引消费者。

衰退期的产品,企业可选择以下几种营销策略:① 维持策略;② 转移策略;③ 收缩策略;④ 放弃策略。

(二) 价格策略

价格策略是给买者规定一个价格。在营销组合中,价格是唯一能产生收入的因素,其他因素表现为成本。

厂商面对买者的3种主要的定价决策问题是:① 对第一次销售的产品如何定价;② 怎样随时间和空间的转移修订一个产品的价格以适应各种环境和机会的需要;③ 怎样调整价格和怎样对竞争者的价格调整做出反应。

在第一次制定价格时,企业要考虑以下因素:① 定价目标;② 确定需求;③ 估计成本;④ 选择定价方法;⑤ 选定最终价格。

以下是3种较为简单易用的定价模型。

1. 赫尔曼·西蒙模型

赫尔曼·西蒙(Hermann Simon)于1979年提出了一个与品牌生命周期相关联的价格

弹性动态模型。

西蒙研究发现,对于企业,根据价格弹性的变化制定最优定价政策具有重要意义。

2. 拉奥-夏昆模型

拉奥(Ambar G. Rao)和夏昆(Melvin F. Shakun)于1972年提出了关于新品牌进入市场的价格模型。该模型既充分考虑到了市场结构,又考虑到了在实现价格战略过程中的企业品牌目标和竞争者目标。

3. 多兰-朱兰德模型

多兰(Robert J. Dolan)和朱兰德(Abel P. Jeuland)于1981年提出了将成本动态和扩散过程动态考虑在内的最优价格模型。该模型反映了在计划期内最优价格的时间轨迹,对创新企业在激烈竞争中灵活选择渗透战略和撇脂战略具有重要的启示,即当需求曲线随时间的推移呈稳定状态且生产成本随累计价值的增加而下降时,采取撇脂战略为最优选择;在以扩散过程为特征的耐用品需求情况下,采取渗透战略为最优选择。

(三)营销渠道策略

营销渠道策略对降低企业成本和提高企业竞争力具有重要意义。随着市场发展进入新阶段,企业的营销渠道不断发生新的变革,旧的渠道模式已不能适应形势的变化。

营销渠道策略包括渠道的拓展方向、分销网络建设和管理、区域市场的管理,以及营销渠道自控力和辐射力的要求。

企业营销渠道的选择将直接影响到其他的营销决策,如产品的定价。它同产品策略、价格策略和促销策略一样,也是企业开拓市场,实现销售及经营目标的重要手段。

营销渠道策略包括以下五种:① 直接渠道或间接渠道策略;② 长渠道或短渠道策略;③ 宽渠道或窄渠道策略;④ 单一营销渠道和多营销渠道策略;⑤ 传统营销渠道和垂直营销渠道策略。

(四)促销策略

促销策略是指企业如何通过人员推销、广告、公共关系和营业推广等各种促销方式,向消费者或用户传递产品信息,引起他们的注意和兴趣,激发他们的购买欲望和购买行为,以达到扩大销售的目的。

根据促销手段的出发点与作用的不同,可分为推式策略和拉式策略。

1. 推式策略

推式策略以直接方式,运用人员推销手段,把产品推向销售渠道。其过程为,企业的推销员把产品或劳务推荐给批发商,再由批发商推荐给零售商,最后由零售商推荐给最终消费者。该策略适用于以下几种情况:① 企业经营规模小,或无足够资金用以执行完善的广告计划;② 市场较集中,分销渠道短,销售队伍大;③ 产品具有很高的单位价值;④ 产品的使用、维修、保养方法需要进行示范。

2. 拉式策略

拉式策略采取间接方式,通过广告和公共宣传等措施吸引最终消费者,使消费者对企业的产品或劳务产生兴趣,从而引起需求,主动去购买商品。其过程为:企业将消费者引向零售商,将零售商引向批发商,将批发商引向生产企业。这种策略适用于:① 市场广大,产品多属便利品;② 商品信息必须以最快速度告知广大消费者;③ 对产品的初始需求已呈现出有利的趋势,市场需求日渐上升;④ 产品具有独特性能,与其他产品的区别显而易见;⑤ 能引起消费者某种特殊情感的产品;⑥ 有充分资金用于广告。

(五) 广告策略

广告策略是指广告策划者在广告信息传播过程中,为实现广告战略目标所采取的对策和应用的方法、手段。

广告策略的表现形式通常有如下 5 种:① 配合产品策略而采取的广告策略,即广告产品策略;② 配合市场目标采取的广告策略,即广告市场策略;③ 配合营销时机而采取的广告策略,即广告发布时机策略;④ 配合营销区域而采取的广告策略,即广告媒体策略;⑤ 配合广告表现而采取的广告表现策略。广告策略必须围绕广告目标,因商品、因人、因时、因地而异,还应符合消费心理。

广告策略的基本构架包括九个方面:① 背景/行销目标;② 广告目标;③ 目标市场消费群/消费者最大难题;④ 竞争情况/竞争范畴;⑤ 消费者认知;⑥ 消费者利益;⑦ 广告主张;⑧ 支持广告主张的理由;⑨ 表现基调和手法。

四、营销战略

(一) 目标营销战略

目标营销战略又称 STP 战略,属于企业战略的职能层。营销大师菲利普·科特勒(Philip Kotler)认为:当代战略营销的核心,可被定义为 STP。这里 S 指 Segmenting Market,即市场细分;T 指 Targeting Market,即选择目标市场;P 指 Positioning,即定位。

目标市场营销有 3 个主要步骤:第一步,细分市场,即根据购买者对产品或营销组合的不同需要,将市场分为若干不同的顾客群体,并勾勒出细分市场的轮廓;第二步,确定目标市场,选择要进入的一个或多个细分市场;第三步,进行科学的市场定位,建立并在市场上传播该产品的关键特征与利益。以上 3 个步骤是紧密相连、步步推进的。

1. 市场细分

从企业市场营销的角度看,无论是消费者市场还是产业市场,并非所有的细分市场都有意义,所选择的细分市场必须具备一定的条件。

(1) 可衡量性。它是指市场特征的有关数据资料必须能够加以衡量和推算。当然,将这些资料予以量化是比较复杂的过程,必须运用科学的市场调研方法。

(2) 可实现性。它是指企业所选择的目标市场易于进入,根据企业目前的人力、财力、物力和技术等资源条件能够通过适当的营销组合策略占领目标市场。

(3) 可盈利性。它是指所选择的细分市场有足够的需求量且有一定的发展潜力,使企业赢得长期稳定的利润。

(4) 可区分性。它是指不同的细分市场的特征可清楚地加以区分。

2. 目标市场

（1）目标市场战略包括以下几种：

① 无差异性营销战略。实行无差异性营销战略的企业把整体市场看作一个大的目标市场，不进行细分，用一种产品、统一的市场营销组合对待整体市场。实行此战略的企业基于两种不同的指导思想，第一种是从传统的产品观念出发，如图2-8（a）所示，强调需求的共性，漠视需求的差异。因此，企业为整体市场生产标准化产品，并实行无差异的市场营销战略。在大量生产、大量销售的产品导向时代，企业多数采用无差异性营销战略经营。实行无差异性营销战略的另一种思想是：企业经过市场调查之后，认为某些特定产品的消费者需求大致相同或较少差异，因此可以采用大致相同的市场营销战略。从这个意义上讲，它符合现代市场营销理念。

采用无差异性营销战略的最大优点是成本的经济性。大批量的生产销售，必然降低单位产品成本；无差异的广告宣传可以减少促销费用；不进行市场细分，也相应减少了市场调研、产品研制与开发，以及制定多种市场营销战略、战术方案等带来的成本开支。

但是，无差异性营销战略对市场上绝大多数产品都是不适宜的，因为消费者的需求偏好具有极其复杂的层次性，某种产品或品牌受到市场的普遍欢迎是很少的。即便一时能赢得某一市场，如果竞争企业都如此仿造，就会造成市场上某个部分竞争非常激烈，其他市场部分的需求却未得到满足。

② 差异性营销战略。差异性市场营销战略是把整体市场划分为若干需求与愿望大致相同的细分市场，然后根据企业的资源及营销实力选择部分细分市场作为目标市场，并为各目标市场制定不同的市场营销组合策略，如图2-8（b）所示。

采用差异性市场营销战略的最大长处是可以有针对性地满足具有不同特征的顾客群的需求，提高产品的竞争能力。但是，由于产品品种、销售渠道、广告宣传的扩大化与多样化，市场营销费用大幅度增加。所以，无差异性营销战略的优势基本上成为差异性营销战略的劣势。其他问题还在于该战略在推动成本和销售额上升的同时，市场效益并不能保证。

③ 集中性营销战略。集中性营销战略是指在将整体市场分割为若干细分市场后，只选择其中某一细分市场作为目标市场，如图2-8（c）所示。其指导思想是把企业的人力、财力、物力集中用于某一个或几个小型市场，不要求在较多的细分市场上都获得较小的市场份额，而要求在少数较小的市场上得到较大的市场份额。

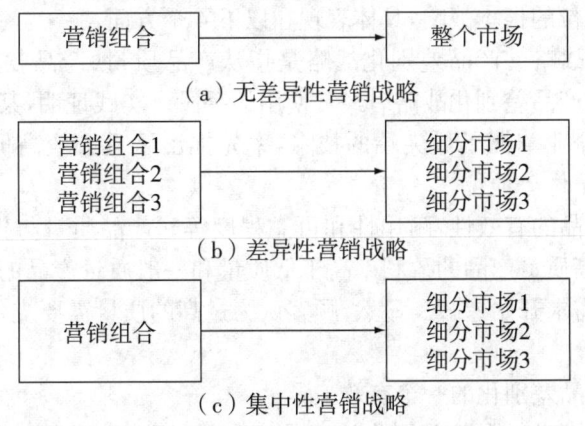

（a）无差异性营销战略

营销组合 → 整个市场

（b）差异性营销战略

营销组合1、营销组合2、营销组合3 → 细分市场1、细分市场2、细分市场3

（c）集中性营销战略

营销组合 → 细分市场1、细分市场2、细分市场3

图2-8 3种可供选择的目标营销战略

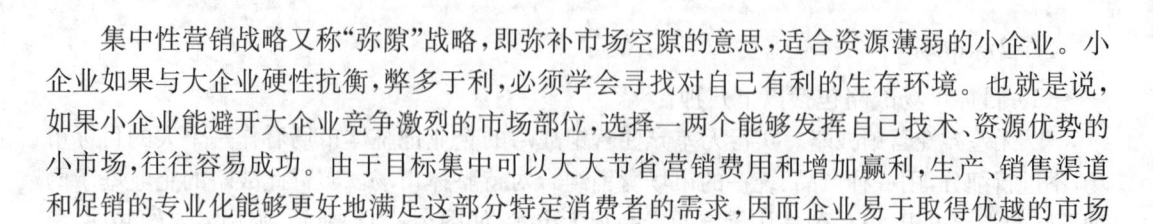

集中性营销战略又称"弥隙"战略,即弥补市场空隙的意思,适合资源薄弱的小企业。小企业如果与大企业硬性抗衡,弊多于利,必须学会寻找对自己有利的生存环境。也就是说,如果小企业能避开大企业竞争激烈的市场部位,选择一两个能够发挥自己技术、资源优势的小市场,往往容易成功。由于目标集中可以大大节省营销费用和增加赢利,生产、销售渠道和促销的专业化能够更好地满足这部分特定消费者的需求,因而企业易于取得优越的市场地位。

这一战略的不足是,经营者承担的风险较大,如果目标市场的需求情况突然发生变化,目标消费者的兴趣突然转移或是市场上出现了更强有力的竞争对手,企业就可能陷入困境。

(2) 选择目标市场营销战略的条件:

① 企业能力。企业能力是指企业在生产、技术、销售、管理和资金等方面力量的总和。如果企业力量雄厚,且市场营销管理能力较强,即可选择差异性营销战略或无差异性营销战略。如果企业能力有限,则宜选择集中性营销战略。

② 产品同质性。同质性产品主要表现在一些未经加工的初级产品上,虽然产品在品质上或多或少存在差异,但用户一般不加区分或难以区分。因此,同质性产品竞争主要表现在价格和提供的服务条件上,该类产品适于采用无差异性营销战略。而对异质性需求产品,可根据企业资源力量,采用差异性营销战略或集中性营销战略。

③ 产品所处的生命周期阶段。新产品上市往往以较单一的产品探测市场需求,产品价格和销售渠道基本上单一化。因此,新产品在引入阶段可采用无差异性营销战略。而待产品进入成长或成熟阶段,市场竞争加剧,同类产品增加,再用无差异性营销战略就难以奏效,所以成长阶段改为差异性或集中性营销战略效果更好。

④ 市场的类同性。如果顾客的需求、偏好较为接近,对市场营销刺激的反应差异不大,可采用无差异性营销战略;否则,应采用差异性或集中性营销战略。

⑤ 视竞争者战略而定。当竞争对手采用无差异性营销战略时,企业选择差异性或集中性营销战略,有利于开拓市场,提高产品竞争能力。如果竞争者已采用差异性营销战略,则不应以无差异性营销战略与其竞争,可以选择对等的或更深层次的细分或集中性营销战略。

3. 市场定位

差别化是市场定位的根本战略,具体表现在以下 4 个方面:

(1) 产品差别化战略。产品差别化战略是指从产品质量、产品款式等方面实现差别。寻求产品特征是制定产品差别化战略时经常使用的手段。实践证明,某些产业,特别是高新技术产业,如果某一企业掌握了最尖端的技术,率先推出了具有较高价值和创新特征的产品,它就能够占据竞争优势地位。

产品质量是指产品的有效性、耐用性和可靠程度等。产品质量与投资报酬之间存在着高度相关的关系,即高质量产品的盈利率高于低质量和一般质量产品的盈利率,但质量超过一定的限度时,顾客需求开始递减。显然,顾客认为过高的质量需要支付超出其质量需求的额外的价值。

产品款式也是产品差别化的一个有效工具。

(2) 服务差别化战略。服务差别化战略是指向目标市场提供与竞争者不同的优异服务。企业的竞争力越能体现在顾客服务水平上,市场差别化就越容易实现。如果企业把服

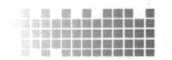

务要素融入产品的支撑体系,就可以在许多领域建立"进入障碍"。因为,服务差别化战略能够提高顾客总价值,保持牢固的顾客关系,从而击败竞争对手。

服务差别化战略在很多市场状况下都有用武之地,尤其在饱和的市场上。对于技术精密产品,服务差别化战略的运用更为有效。

强调服务差别化战略并没有贬低技术质量战略的重要作用。如果产品或服务中的技术占据了价值的主要部分,则技术质量战略是行之有效的。但是,竞争者之间技术差别越小,这种战略作用的空间也就越小。一旦众多的厂商掌握了相似的技术,技术领先就难以在市场上有所作为。

(3) 人员差别化战略。人员差别化战略是指通过聘用和培训比竞争者更为优秀的人员以获取差别优势。

(4) 形象差别化战略。形象差别化战略是指在产品的核心部分与竞争者类同的情况下塑造不同的产品形象以获取差别优势。企业或产品想要成功地塑造形象,需要具有创造性的思维和设计,需要持续不断地利用企业所能利用的所有传播工具。

(二) 市场竞争战略

企业的市场竞争战略会随着时间、地点、竞争者状况、自身条件和市场环境等因素的不同而变化,然而,某些基本战略原则是不会改变的,企业领导者必须把握这些不变的基本战略去适应变化的环境。

1. 创新制胜

创新制胜指企业应根据市场需求不断开发出适销对路的新产品,以赢得市场竞争的胜利。现代社会的生产能力大于市场需求,众多企业为了维持生存,开发出不胜枚举的新花色、新品种、新款式投放市场,力图得到顾客青睐。顾客需求则随着收入增加和可挑选商品的增多而增多。创新是活力的源泉,企业应当加强市场调查和预测,争取最先洞察消费需求的变化,领先研制出适合消费需求的新产品,掌握市场竞争的主动权。

2. 优质制胜

优质制胜指企业向市场提供的产品在质量上应当优于竞争对手,以赢得市场竞争的胜利。质量是产品或服务的特色和品质的总和,决定着顾客需求的满足程度。产品质量是企业竞争力的核心,企业应从自身利益和顾客利益出发,千方百计地创优质产品、创名牌产品。

3. 廉价制胜

廉价制胜指企业的同类、同档次产品应当比竞争对手的更便宜,以赢得市场竞争的胜利。市场需求是有支付能力的需求,价格是市场需求的调节器,在质量和其他条件相同或相近时,价格低廉的商品会受到顾客欢迎。价格降低,虽然使单位产品的利润降低了,但是会增加总销售量,扩大总利润。企业应在保证产品质量的前提下提高生产效率,降低生产成本和营销成本,为低价竞争奠定基础。

4. 技术制胜

技术制胜指企业应致力于发展高新技术,实现技术领先,以赢得市场竞争的胜利。科学技术决定着企业的生产效率、产品成本、管理水平、经济效益和顾客需求的满足程度。有能力的企业和有远见的企业家都不惜代价地研制或引进高新技术和先进设备,力争走在技术进步的前列，开发出科技含量高、附加价值高的新产品，在市场竞争中占领制高点。

5. 服务制胜

服务制胜指企业提供比竞争者更完善的售前、售中和售后服务，以赢得市场竞争的胜利。销售服务决定着产品的性能能否良好发挥和顾客需求能否得到充分满足。在其他条件相同时，谁能提供更周到的服务，谁就能赢得顾客。

6. 速度制胜

速度制胜指企业应当以比竞争对手更快的速度推出新产品和新的营销战略，抢先占领市场，赢得市场竞争的胜利。谁对市场需求的反应快、技术开发快、新产品投放快，谁就能在一段时间内形成独家供应的局面，集中吸纳顾客购买力，迅速扩大市场，不但壮大了实力，还能在顾客中形成先入为主的"正宗""正牌"形象。

7. 宣传制胜

宣传制胜指企业应当运用广告、公共关系、人员推销和销售促进等方式大力宣传企业和产品，提高知名度和美誉度，树立良好形象，以赢得市场竞争的胜利。

任务五　人力资源管理

一、人力资源管理的含义

（一）人力资源管理的定义

人力资源管理，(Human Resource Management，HRM)，人事管理的升级，是指在经济学与人本思想指导下，通过招聘、甄选、培训、薪酬等管理形式，对组织内外相关人力资源进行有效管理和运用，满足组织当前及未来发展的需要，保证组织目标的实现与成员发展的最大化的一系列活动的总称。它是一系列旨在优化人力资源管理活动的总称。它涵盖预测组织的人力资源需求并制定相应的人力需求计划，招聘和选拔合适的人才进行有效的组织安排，评估绩效并支付薪酬以提供有效的激励措施，以及结合组织和个人的需求进行有效的开发以实现最佳的组织绩效。

同时，它也是企业中一个重要的职位。

一般把人力资源管理分为六大模块：① 人力资源规划；② 招聘与配置；③ 培训与开发；④ 绩效管理；⑤ 薪酬福利管理；⑥ 劳动关系管理。

（二）人力资源管理的目标

人力资源管理的核心目标是确保组织最大限度地满足其对人力资源的需求，深入开发并有效管理组织内外的各种人力资源，从而为组织的持续健康发展提供坚实支撑。人力资源管理不仅致力于组织目标的实现，还充分关注员工个人的成长与发展，力求在推动组织进步的同时，实现员工个人能力的全面提升与价值的最大化。其深远意义在于，通过科学合理的人力资源配置与组织,为生产经营的顺利进行奠定坚实基础;借助系统的培训与激励机制,有效激发员工的工作潜能,提升劳动生产率;通过优化人力资源的配置与使用,确保企业能够以最小的劳动成本获取最大的经济效益。此外,人力资源管理作为现代企业制度的关键一环,对于推动企业管理的规范化、制度化进程具有不可估量的价值,为构建现代化、高效能的企业运营模式提供了强有力的支撑。

二、人力资源规划

人力资源规划是指根据企业发展规划,通过诊断企业现有人力资源状况,结合企业经营发展战略,并考虑未来人力资源的供需状况来进行分析、预测估计,对岗位编制、人员配置、技能培训、绩效考核管理、人力资源政策、招聘和选人等内容进行人力资源部门的职能性规划。

人力资源规划一方面对当前人力现状进行分析,了解人事动态;另一方面对未来人力需求进行预测,以便对企业人力的增减进行通盘考虑,并根据现状制定人力增补和培训计划。

(一)人员计划的制订

人员计划的制订包括人员需求与人员供给的综合分析、人员计划方案的编制和人员计划方案的监控三个环节。

1. 人员需求与供给综合分析

人员需求与供给综合分析的主要目的是以预测的人员需求量与人员供给量为基础,计算计划期内企业总人数的余缺数量。企业在某个时期的人员供求关系也可能表现为供给大于需求,即出现人员过剩的情况。在企业内部人员总量需求大于供给的情况下,并不排除某些部门存在人员过剩的情况。同理,在企业内部人员总量大于需求的情况下,也不排除某些部门存在人员不足的情况。

2. 人员计划的编制

企业在计划期内的人员需求与供给不一致时,需要制订解决人员短缺或过剩的计划方案。人员计划方案的制定通常需要企业多个部门的参与,单靠人力资源部门或人事部门是难以完成的。通常,人员计划方案是企业整体计划的一部分,因此人员计划方案的期限应与企业整体计划的期限一致。人员计划方案的内容主要包括人员的外部补充、内部调配和人才培养与培训等。因此,人员计划是招聘计划、选拔计划、晋升计划、退休计划、培训计划等专项计划的制订依据。

在编制人员计划方案时,要注意人员计划与其他方面的协调。人员计划要与企业的长期发展目标和整体发展计划相协调。作为企业整体计划的组成部分,人员计划要支持企业的整体计划。人员计划内部也要相互协调,如外部补充计划与内部调配计划之间要协调,晋升计划与人才培养计划之间要协调,退休计划与晋升计划、人才培养计划之间要协调。

3. 人员计划的监控

人员计划的执行情况需要监控。在人员计划的实施过程中,为了防止出现严重偏差,或在出现偏差后能够及时发现并纠正,需要对计划的执行情况进行反馈和追踪,以使计划能够达到预期的结果。

进行监控时,需要确定衡量计划执行情况的分目标、短期目标和绩效标准。分目标是由人员计划总体目标分解出来的各专项计划的目标,短期目标是为达到总体目标划分的阶段性目标,绩效标准是由分目标和短期目标分解出来的衡量目标实现程度的具体指标。无论是分目标、短期目标还是绩效标准,都应尽可能量化。如果发现实际执行情况偏离了目标,首先应分析偏差产生的原因,然后制定并采取相应的纠正措施。

(二)人员过剩时的对策

当企业内部对人员的供给大于需求时,表明人员过剩,企业应采取措施来消化或裁减富余人员。企业减员措施有限制聘用、提前退休或鼓励辞职、减少工作时间或工作量、人才储备、临时解聘和裁员。

1. 限制聘用

即采用"只出不进"的方法逐渐减少企业的富余人员,只有在企业的绩效受到影响的时候才会招聘新人。这种措施适合富余人员不多且在短期内能够消化的情况。

2. 提前退休或鼓励辞职

让现有部分职工(如接近退休年龄的职工)提前退休也是减少富余人员数量的一种途径。提供有足够吸引力的退休条件(如给予补偿金)可以使原本不愿意提前退休的职工提前退休。对年轻人则提供培训机会鼓励他们自谋职业或转向其他企业。

3. 减少工作时间或工作量

市场需求下降导致订单减少,企业可以相应地减少工作时间或减少工作量,如每个职工每天工作8小时削减为每天工作6小时,每个职工每人看管4台设备减少为每人看管3台设备。随着工作时间和工作量减少,工资也将相应减少。这种办法适合一般工人,不适合经理人员和专业技术人员。

4. 人才储备

对于拥有一技之长的专业技术人员,不应轻易辞退,特别是企业在不久的将来很有可能用得上的人才。在企业不景气时将这些人才辞退容易,将来需要时再把他们请回来就困难了,如果被竞争对手抢去则还会对企业构成威胁。因此,从长远考虑,应该将这些人才储备起来,如送他们到大学深造、承担科研项目等。

5. 裁员

在西方经济发达国家,裁员通常与企业改组相联系,经过改组,企业的规模会缩小,职工数量会减少。在经济困难时期裁员,而在经济形势好转时增员,这是发达国家以往的惯常做法。随着全球性竞争的加剧,这种雇用战略受到很大冲击。实际上,裁员对企业来说是一种浪费,因为失去以往所栽培的人才,对企业和职工双方都会造成很大的冲击。

良好的人员计划可以避免人员过剩的现象出现,即使需要裁员,企业也希望通过自然减员的方式,如退休、自动离职等,或者提供补偿金鼓励年长员工提前退休,以及为年轻员工提供培训机会帮助他们转向其他企业工作。

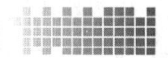

（三）人员短缺时的对策

当企业内部对人员的需求大于供给时，表明人员短缺，这时企业应采取措施增加人手。企业增员措施或替代措施有加班加点、业务转包、聘用临时工、重新设计职务或改进技术、培训职工或完善激励计划和外部招聘等。

1. 加班加点

解决工作量短期波动最常用的方法是加班加点。加班加点对企业和职工双方都有好处，企业由于避免了招聘、选拔和培训等活动而节省了费用，职工则可以增加收入。不过，过度的加班加点会使职工变得疲劳，很难保持正常的工作效率完成工作。长期加班加点会使职工习惯于收入增加的情况，当不需要加班加点并且收入减少时，可能会引起职工的不满。

2. 业务转包

将部分工作转包给另一家企业也是解决中短期人手短缺的方法之一。有时，即使企业预测市场需求是长期增长的，依然会采用转包的方法。当承包商在生产方面具有专长时，这种方法特别具有吸引力。转包常常对转承包双方都有利。

3. 聘用临时工

聘用临时工对企业有多种好处。聘用临时工可以降低人工成本，并保持随工作负荷变动的灵活性，同时还可以减少招聘、人员流动及职工福利方面的费用。

4. 重新设计职务或改进技术

对职务重新进行设计，简化工作程序，或者采用自动化程度更高的先进技术，减少用人，以解决人手短缺的问题。

5. 培训职工或完善激励计划

对职工进行培训，提高他们的工作胜任能力或工作熟练程度，从而提高工作效率，或者改进激励计划，调动职工的工作积极性，以解决人手不足的问题。

6. 外部招聘

只有在上述方法均不合适时，才应启动招聘程序。在人手短缺时不要直接进行招聘，一是招聘成本较高，二是新员工一旦被录用，如果表现不佳则难以辞退，应认真考虑有没有其他办法可以替代招聘。

三、招聘与选拔

招聘与选拔是根据人力资源规划和工作分析的要求，为企业招聘、选拔所需要的人力资源，并录用安排到一定岗位上。招聘与选拔是企业人力资源管理中不可或缺的两个关键环节，它们直接影响企业是否能够吸引、筛选并留住优秀的人才，从而对企业的竞争力和可持续发展能力产生深远影响。

（一）招聘

招聘是指企业为了补充人力资源，根据人力资源规划和工作分析的要求，寻找并吸引那些有能力且有兴趣到本企业任职的人员,并从中选出合适人选予以录用的过程。招聘是企业获取人才的主要途径,有助于企业实现战略目标。通过招聘,企业可以广泛宣传自身的品牌形象和企业文化,吸引那些与企业价值观和目标相契合的潜在人才。

招聘的主要流程如下:

(1) 明确招聘需求:企业需要明确招聘的岗位、人数、工作地点以及岗位职责、任职要求等,这是招聘与选拔流程中的第一步,也是至关重要的环节。深入了解业务需求,与业务部门沟通,分析岗位空缺原因。根据业务紧急程度和岗位重要性,对招聘岗位进行优先级排序。

(2) 制订招聘计划:根据企业的战略目标和人力资源规划,制订详细的招聘计划,包括招聘渠道、招聘时间、预算等内容。设定招聘的地域范围。根据目标人群的特点,选择合适的招聘渠道,如社交媒体、招聘网站、内部推荐等。制定具有竞争力的薪酬和福利政策。

(3) 发布招聘信息:通过企业官网、招聘网站、社交媒体等多种渠道发布招聘信息,吸引潜在应聘者关注。招聘信息应清晰、准确,并突出公司的文化和价值观。

(4) 简历筛选:根据招聘需求和职位要求,制定明确的筛选标准,对收到的简历进行筛选,以快速识别出最符合职位要求的候选人。

(5) 面试安排:通知筛选通过的候选人参加面试,并告知面试时间、地点、形式等注意事项。面试是评估候选人综合素质和匹配度的重要环节。

(二) 选拔

选拔是指从应聘者中挑选出符合企业要求的人才的过程。选拔过程通常包括简历筛选、面试、笔试、背景调查等环节。选拔是对人才进行筛选和评估的关键环节,有助于企业挑选出最符合岗位需求和发展潜力的员工。通过严格的选拔标准和流程,企业可以筛选出那些具备优秀能力、潜力和态度的员工,从而提升整个员工队伍的素质水平。

选拔的主要策略如下:

(1) 制定选拔标准:选拔标准应根据不同文化背景进行调整,以确保公平和公正。选拔标准通常包括教育背景、工作经验、技能特长、性格和价值观等方面。

(2) 面试技巧与问题设计:明确面试目的,以便了解应聘者的能力、性格、价值观等。设计结构化面试问题,确保问题具有针对性和可衡量性。采用行为面试法,通过询问应聘者过去的行为和经历,了解其能力和潜力。同时,可以设计情景模拟题,让应聘者在模拟场景中展示自己的能力和应对能力。

(3) 背景调查与验证:背景调查的目的在于确保候选人信息的真实性和准确性。背景调查的内容包括教育背景、工作经历、技能证书等,可以通过电话、邮件、社交媒体等渠道进行核实。

(4) 评估与反馈:根据选拔标准,制定相应的评估指标,如面试表现、笔试成绩、工作成果等。对选拔结果进行评估,确定最终人选。评估过程应公正、客观,避免主观因素的影响。无论是否录用,都应及时给予应聘者反馈,并告知其原因和依据。

四、培训与开发

培训与开发是指通过确定员工的培训需求,设计和实施培训计划、课程和活动,以提高员工的技能和能力。培训有助于员工实现个人成长,同时提升组织的整体绩效。

(一) 培训的主要流程

(1) 制订全面的培训计划:确定企业整体战略目标和部门目标,明确培训对企业发展的重要性。分析员工当前的能力水平、技能缺口和职业发展需求。通过问卷调查、访谈、小组讨论等方式,收集员工对培训的需求和期望。结合企业战略和员工发展需求,确定需要重点加强的技能和知识领域。

(2) 设计培训课程:根据需求评估结果,设计符合企业发展和员工需求的培训课程。课程应涵盖专业技能、团队协作、沟通能力、领导力等多个方面。针对不同层级的员工,设计不同难度和深度的课程。

(3) 实施培训:根据企业运营情况和员工工作安排,合理安排培训时间。制定长期和短期的培训时间表,确保培训计划的连续性和系统性。选择合适的培训方式,如线上课程、线下研讨会、实践操作等。准备相应的培训资源,如培训教材、案例分析、模拟演练等。

(4) 评估与改进:明确评估的目的和标准,设计详细的问卷,收集员工对培训内容、讲师、培训方式、时间安排等方面的反馈意见。将培训成果与员工的实际工作业绩进行对比,评估培训对业务绩效的直接影响。分阶段评估,在培训前、培训中和培训后分别进行评估。确保评估过程的匿名性和保密性。及时收集数据,对收集到的评估数据进行深入解读,识别出培训中的亮点、问题和改进点。将评估结果与预设的标准进行对比,评估培训的实际效果是否达到预期目标。对多次评估的结果进行趋势分析,了解培训效果的变化趋势和影响因素。根据评估结果,明确培训中存在的问题和不足,制定具体的改进措施和行动计划。为改进措施提供必要的资源和支持,确保改进方案的顺利实施。

(二) 员工培训的内容

员工是企业的根本,是企业实现目标利润的保证。企业的成功归根结底来自员工的努力,以及通过他们的努力所创造出来的一切。所以,员工培训的内容包括许多方面。一名职业化的员工,需要具备专业化工作所需的基本素质和能力。一般地,任何培训都是为了帮助员工在知识、技能和态度三个方面取得进步。

1. 知识的学习

知识学习是员工培训的主要方面,包括基础知识学习和业务知识学习。员工应通过培训掌握完成本职工作所需的基本知识,企业应根据经营发展战略要求和技术变化的预测,以及未来对人力资源的数量、质量、结构的要求与需要,有计划、有组织地培训员工,使员工了解企业的发展战略、经营方针、经营状况、规章制度、文化、市场及竞争等。依据培训对象的不同,知识学习还应结合岗位目标来进行。例如,对管理人员要培训计划、组织、领导和控制等管理知识,要求他们掌握心理学、激励理论等相关知识,以及了解经营环境(如社会、政治、文化、伦理)等方面的情况。

2. 技能的提高

首先，要对不同层次的员工进行岗位所需的技术能力培训，即认知能力与阅读能力的培训。认知能力包括语言理解能力、定量分析能力和推理能力三个方面。有研究表明，员工的认知能力与其工作的成功有相关关系。随着工作变得越来越复杂，认知能力对完成工作越来越重要。阅读能力不足会影响员工良好业绩的取得。随着信息技术的发展，不仅要培养员工的书面文字阅读能力，还要提供电子阅读能力。此外，企业还应该培养员工的人际交往能力。尤其是管理者，更应注重判断与决策能力、改革创新能力、灵活应变能力、人际交往能力等的训练。

3. 态度的转变

态度是影响能力与工作绩效的重要因素。员工的态度与工作表现是直接相关的。管理者重视员工态度的转变将会使培训成功的可能性增加。受训员工的工作态度如何、如何形成、如何受影响，既是一个复杂的理论问题，又是一个实践技巧问题。通过培训可以改变员工的工作态度，但不是绝对的，关键要看管理者。管理者要在员工中保持积极的态度，同时善于利用员工态度好的时间来达到所要求的工作标准。管理者应根据不同人的特点找到适合每个人的最有效影响和控制方式，规范员工的行为，促进员工态度的转变。

（三）员工培训的对象

培训的对象不能仅仅限于企业的个别人或个别人群，而应包含所有的员工。由于组织资源的有限性，企业不可能提供足够的资金、人力、物力在同一时间对所有人进行培训，这就需要企业根据组织目标和工作岗位的需要选择合适的培训对象，以确保急需人才的培养。

一般而言，企业内有以下 4 种人员需要培训。

1. 新入职员工

新入职员工需要参加岗前培训，通过培训了解企业的基本情况，明确所从事工作的基本内容与方法，以及自己工作的职责、程序、标准，企业应向他们初步灌输企业及其部门所期望的态度、规范、价值观和行为模式等，以帮助他们顺利地适应企业环境和新的工作岗位，尽快地进入角色。

2. 需要改进目前工作的人

对于一些工作绩效较差的员工，需要对其进行相关培训，以提升他们的知识、技能与素质，提高工作绩效。

3. 新晋升人员或岗位轮换人员

新的岗位或职务要求新的知识和技能。对于新晋升的员工或岗位轮换的员工，为了使其尽快适应新的岗位职务，需要对其进行相关的培训，以提升他们的知识、技能与素质，满足新岗位及新职务所需的各项要求。

4. 有潜力的人员

对于有能力也有潜力的人员，企业希望他们能够掌握不同的管理知识、技能或更复杂的专业技术，以安排他们到更重要、更复杂或更高层的位置上去工作，为企业承担更大的责任。对于这部分人员，企业也更愿意花费多的资源对其进行相关培训。

五、绩效管理

绩效管理是指建立绩效管理体系,包括设定目标、制定绩效评估标准、定期评估和提供反馈等。绩效管理有助于监督员工的工作表现,激励员工为组织的成功做出贡献。

(一)绩效管理流程

(1)设定目标:确定企业的长期和短期目标,将其转化为可量化的绩效指标。确定目标达成的时间表和进度计划。

(2)制定绩效评估标准:确定绩效评估标准,包括工作质量、工作效率、工作态度、团队合作等。确定评估方法和工具,包括自我评估、上级评估、同事评估、客户评估等。

(3)建立反馈机制:实施定期的绩效评估,包括中期评估和年度评估。与员工沟通,与员工共同制定个人发展计划,并提供必要的培训和支持。

(4)持续改进:定期评估绩效管理体系的有效性。建立反馈机制,收集员工的反馈和建议,以不断完善绩效管理体系。

(二)绩效管理实施过程

1. 绩效计划

绩效计划是整个绩效管理系统的起点,是在绩效周期开始时,由上级领导和员工一起就员工在绩效考核周期内的绩效目标、绩效过程和手段等进行讨论并达成一致。

在绩效计划阶段,管理者和员工需要通过共同讨论确定,在未来的绩效周期中,员工应当做什么,如何做,以及取得什么样的效果。在制定绩效计划时,需要遵循两个最为重要的前提条件,一是要清楚地了解组织的使命和战略目标;二是要清楚地了解员工所承担的职务本身。

绩效计划阶段是绩效管理的起点和最重要的一个环节,绩效计划的制订过程强调通过互动式的沟通手段,使管理者和员工在如何实现预期绩效的问题上达成共识。在通常的情况下,绩效计划主要回答以下四个问题:该完成什么工作?按照什么样的程序完成工作?何时完成工作?花费多少?使用哪些资源?

2. 绩效实施与辅导

绩效实施是整个绩效管理循环中持续时间最长的一个阶段,因为它涵盖了员工在绩效计划指导下,为努力达成预定的绩效目标而开展的所有工作活动和工作过程。一旦绩效计划确定,员工就必须努力取得相应的结果,展示在绩效计划制订过程中承诺履行的职责和预期成果,同时满足绩效计划中提出的要求。在绩效实施过程中,需做到以下几点:第一,定期进行绩效面谈,及时了解员工的工作进展情况。第二,通过定期的报告、报表和相关记录等,收集和积累员工的绩效数据。第三,在必要的时候,直接上级给予员工指导或帮助,对员工偏离目标的行为及时进行纠偏,如有需要,进行绩效计划的调整。

在这一阶段,员工和上级管理者之间必须保持主动、频繁且及时的沟通,这由以下三个方面的情况决定:第一,需要通过持续的沟通对绩效计划做出适时的调整。这是因为现代组织所处的竞争环境是多变的,因此,员工的绩效目标或各项目标之间的权重可能需要根据战略调整和外部环境变化进行相应调整。第二,员工需要在绩效计划执行的过程中了解相关信息,同时获得必要的资源支持。只有不断获得上级提供的必要信息支持和信息反馈,员工才能对自己的工作方向和工作成果有充分的信心,对工作有一种良好的控制感。同时,有些问题和困难只有在得到上级的建议或资源支持的情况下才能解决。第三,管理人员在绩效计划执行过程中也需要了解以下信息:一是及时掌握员工的工作进展,了解当前工作进度与预定计划之间的差距,从而及时做出各种必要的调整,避免到最后关头才发现目标要落空,并且已经无法挽回;二是为了解员工在工作中的表现和遇到的困难,通过协调团队之间的工作,提供必要的信息和资源支持等,帮助员工解决实际问题,同时对员工提供心理上的支持。

3. 绩效考核

绩效考核往往发生在一个绩效周期结束的时候,其主要目的在于考察和衡量员工多大程度上表现出了组织期望的行为,同时在多大程度上实现了组织期待他们实现的结果。通常是指直接上级依据绩效计划阶段制定的考核指标和标准对员工的绩效表现进行评价。依据绩效计划阶段制定的考核指标和标准对员工的工作进行考评,能够减少矛盾和争议。

六、薪酬福利管理

薪酬福利管理是指制定公正的薪酬政策,确定薪资水平,并根据绩效和市场标准进行薪酬调整。同时,提供多样化的福利项目,以满足员工的不同需求。薪酬福利是吸引和留住人才的重要手段。薪资分配,以按劳分配原则支付的薪资项目内容通过具体的薪资项目体现,其中工资、奖金、福利和分红是最为普遍的薪资项目内容。不同薪资项目体现员工劳动回报的不同方面内容,具有特殊的功能与作用。

(一) 工资

工资即员工劳动能力的转让价格。工资通常作为成本费用列支,是员工劳动回报的基础。工资的作用是为员工提供基本生活保障,具有较大的稳定性。为了防止出工不出力的"大锅饭"现象,促使劳动者把劳动能力用于工作,企业通常会从工资总额中划出一块,与员工的工作表现挂钩,作为业绩考核工资,使工资分为固定工资和变动工资两个部分。

首先是固定工资。固定工资是根据员工工作特点或工作能力支付的劳动报酬,通过基础工资、岗位工资和技能工资体现出来。固定工资是员工从企业获得的稳定报酬,与经营效益无关。作为员工劳动报酬的基础,固定工资不仅为员工提供基本生活保障,还是确定变动工资的重要依据。

其次是变动工资。变动工资是与员工表现相关的劳动报酬,随工作绩效的变化而变化,目的在于激励员工努力工作。广义上,变动工资是指员工直接收入中的可变部分,与变动薪资同一个意思;狭义上,变动工资仅指列入成本工资中的员工变动收入,是成本工资的一部分。

此外,还有津贴。津贴是对员工特殊劳动的补偿,用于支付不稳定的特殊劳动耗费,通常与特殊的工作环境或者工作方式相关。比如,对从事高温作业的员工支付高温津贴;对外地工作的员工支付出差补助等。津贴与工资一样纳入成本。

（二）奖金

奖金即员工的超额劳动报酬。奖金与员工业绩挂钩，通过考核加以测算，具有很强的激励作用。由于员工业绩有不同测评指标，因此奖金也有不同分发方式，可以从内容、对象、时间上进行区分。从内容上分，有体现全面考核内容的综合奖、体现专项考核的单项奖；从对象上分，有针对部分人员的业务奖和针对所有员工的普遍奖；从时间上分，有月度奖、季度奖和年度奖等。这些奖金项目相互联系和支持，构成复杂的体系，在奖金来源、发放方式、水平差异、制度落实等方面各有不同要求。

（三）福利

福利即员工通过企业内部二次分配获得的劳动待遇。作为一种薪资形式，福利的特点在于以企业整体为本位，以员工长期发展和根本利益为目的，从组织保障的角度提供工资与奖金不能提供的待遇。与此相应，企业的福利安排不以员工劳动情况，而以员工作为企业成员的身份为支付依据。

有两种不同类型的企业福利。一种是法定福利，即国家要求企业实施的福利。这种福利以法律为依托，能得到税收减免等国家支持。另一种是自选福利，企业有自主选择权，体现经营管理政策。这种福利的作用在于支持企业的长期发展。通过福利为员工提供生活保障，增强员工对企业的归属感，是现代企业的常用办法。现代企业员工的福利形式多种多样，如养老保险、失业保险、医疗补贴、住房补贴、带薪休假、免费午餐等。为了更好地发挥福利的作用，满足不同员工的具体要求，不少企业推出了自助福利计划，即企业为员工提供由多种福利项目组成的菜单，员工在一定金额范围内自由选择项目，组成符合自己需要的福利方案，由企业加以实施。

（四）分红

分红即员工对企业经营效益的分享。在实际工作中，员工分红与奖金发放密切联系，也可以理解为超额劳动的报酬。其区别在于，分红的来源是企业经营效益，只有当企业效益良好并决定与员工分享时，才有分红的基础。因此，员工分红与企业效益核算密切相关，通常按财务年度进行。

员工分红有不同形式，大致可以分为普通员工分红和特殊人员分红两种类型。

1. 普通员工分红

其特点是所有员工都有企业效益分享权。具体形式有利润分享、收益分享等。利润分享是按照事先约定的标准衡量利润，员工有权分享超额利润的一定百分比。收益分享是通过确定的考评方式衡量业绩，根据整体绩效状况并结合个人作用获得效益奖金。因此，普通员工分红常常与员工业绩考核相关，与奖金分配联系在一起。

2. 特殊人员分红

其特点是只有部分员工具有企业效益分享权。至于什么人员有权分红，以什么方式进行分红，企业可以根据自己的情况确定。与普通员工分红相比，特殊人员分红的一个最大不同是，他们往往要以一定方式承担企业风险，具有风险收益的性质，体现人力资本收益的属性。在实际操作中，特殊人员分红的常见形式是年薪。

七、劳动关系管理

劳动关系是指劳动者与所在单位在劳动过程中形成的关系。这种关系涵盖了企业所有者、经营者、普通职工及其工会组织之间在生产经营活动中形成的责、权、利等方面的关系。具体来说，它包括以下几个方面：

(1) 所有者与全体职工的关系：企业所有者与职工之间在企业目标、利益分配等方面的关系。

(2) 经营管理者与普通职工的关系：管理者与职工在工作安排、绩效考核等方面的关系。

(3) 经营管理者与工会组织的关系：管理者与工会在维护职工权益、参与企业决策等方面的关系。

(4) 工会与职工的关系：工会作为职工的代表，与职工之间在权益维护、集体协商等方面的关系。

劳动关系主要由主体、客体和内容三个要素构成：

(1) 主体：劳动法律关系的参与者，包括劳动者、劳动者的组织（如工会、职代会）以及用人单位。

(2) 客体：主体的劳动权利和劳动义务共同指向的事物，如劳动时间、劳动报酬、安全卫生、劳动纪律、福利保险、教育培训、劳动环境等。

(3) 内容：主体双方依法享有的权利和承担的义务。

（一）员工入职管理

员工入职管理是指新员工入职时，员工关系专员为新员工办理的一系列入职手续。为规范入职管理，可以制定专门的《员工入职管理办法》，涵盖入职前、入职中及入职后三个阶段的工作。

1. 入职前

(1) 准备工作：提前准备好新员工入职所需的各种表格、办公设备和办公用品，确保新员工能够顺利开展工作。

(2) 部门协调：及时通知新员工所属部门，要求部门做好报到准备，包括安排座位、指定导师以及制定岗位业务技能培训计划，以便新员工能够快速融入团队，掌握必要的业务技能。

(3) 培训计划：与人力资源部培训专员沟通，要求其准备新员工的岗前教育培训计划，涵盖企业文化、规章制度、岗位职责等内容，帮助新员工全面了解公司情况，为后续工作打下坚实的基础。

2. 入职中

(1) 接待与登记：热情接待新员工，指导其填写《新员工入职登记表》，并收集、验证相关档案资料，确保信息的准确性和完整性。

(2) 部门报到：根据《新员工入职流转单》，带领新员工到部门报到，将其介绍给部门负责人，使新员工能够明确自己的工作归属和直接上级。

(3) 熟悉环境：安排部门负责人指定本部门人员带领新员工熟悉公司内外环境及各部门情况，介绍部门职责、部门人员等，帮助新员工快速了解公司的组织结构和工作流程。

(4) 物资领用：协助新员工领用办公用品、办公设备，并申请 OA 办公系统等账号，确保新员工能够顺利开展日常工作。

(5) 入职沟通：与新员工进行入职沟通，了解其期望、需求和疑虑，为其提供必要的支持和帮助，增强新员工对公司的认同感和归属感。

3. 入职后

(1) 合同签订：与新员工签订《劳动合同》及其他公司补充协议，明确双方的权利和义务，为双方的合作提供法律保障。

(2) 培训与考核：依据《新员工入职培训管理办法》与《新员工试用期考核管理办法》，组织开展入职培训和试用期考核，帮助新员工提升业务能力，同时评估其工作表现，为后续的人力资源管理决策提供依据。

(二) 员工离职管理

1. 离职的类型

员工离职是指员工与企业终止劳动雇佣关系的过程。离职的原因多种多样，根据员工与企业的意愿，离职可以分为非自愿离职和自愿离职两种类型。

(1) 非自愿离职：由企业方面提出，员工本人通常希望继续留在企业中。非自愿离职的原因可能包括以下方面：员工严重违纪，即员工违反了企业的规章制度或法律法规，情节严重，企业因此决定解除劳动合同；绩效考核不合格，即员工在多次绩效考核中表现不佳，且经过培训或调整岗位后仍无法达到企业要求，企业因此决定终止劳动关系；经济因素，即由于经济不景气或企业经营调整等原因，企业需要进行裁员，导致部分员工被迫离职。

(2) 自愿离职：由员工方面提出，企业则希望员工能够继续留在企业中。员工自愿离职的原因可能包括以下方面：退休，即员工达到法定退休年龄，按照国家规定或企业政策办理退休手续，结束劳动关系；职业发展，即员工为了追求更好的职业发展机会，选择离开当前企业，到其他组织从事新的工作。

2. 离职类别

(1) 辞职：员工在任职期间主动提出提前终止劳动雇佣关系的行为。辞职可能是个人职业规划原因、家庭原因、工作环境不适应等多种因素引起的。

(2) 辞退：企业在员工任职期间因员工工作表现、技能不符合公司要求，或员工严重违反劳动纪律，或因劳动合同无法继续履行等情况，决定提前终止与员工的劳动雇佣关系。辞退是企业对员工的一种强制性解除劳动合同的措施。

(3) 自动离职（自离）：员工在合同期内未经公司批准而擅自离开工作岗位的行为。根据公司《员工手册》的规定，非因不可抗力因素，员工当月连续旷工3天及以上，或年度累计旷工4天及以上，即被视为自动离职。自动离职是一种违反劳动纪律的行为，企业可以依据相关规定和劳动合同条款进行处理。

(4) 合同期满，不再续签劳动合同，分为两种情形：

① 公司提出不再续签：合同期满时，企业根据自身发展需要、员工的工作表现和岗位需求等因素，决定不再与员工续签劳动合同，并提前30天书面通知员工。这种情况下，企业需要按照法律规定和劳动合同约定，妥善处理员工的离职手续和相关待遇。

② 员工提出不再续签：合同期满时，员工基于个人职业规划、生活需求或其他原因，不

愿与企业续签劳动合同,并提前 30 天书面通知企业。企业应尊重员工的选择,按照规定办理离职手续,并为员工提供必要的职业发展支持和帮助。

3. 离职办理

离职办理通常需要遵循一定的程序,以确保离职过程的规范性和合法性。一般程序为:离职申请→离职审批→离职谈话→离职交接→离职结算→劳动合同解除,如图 2-9 所示。

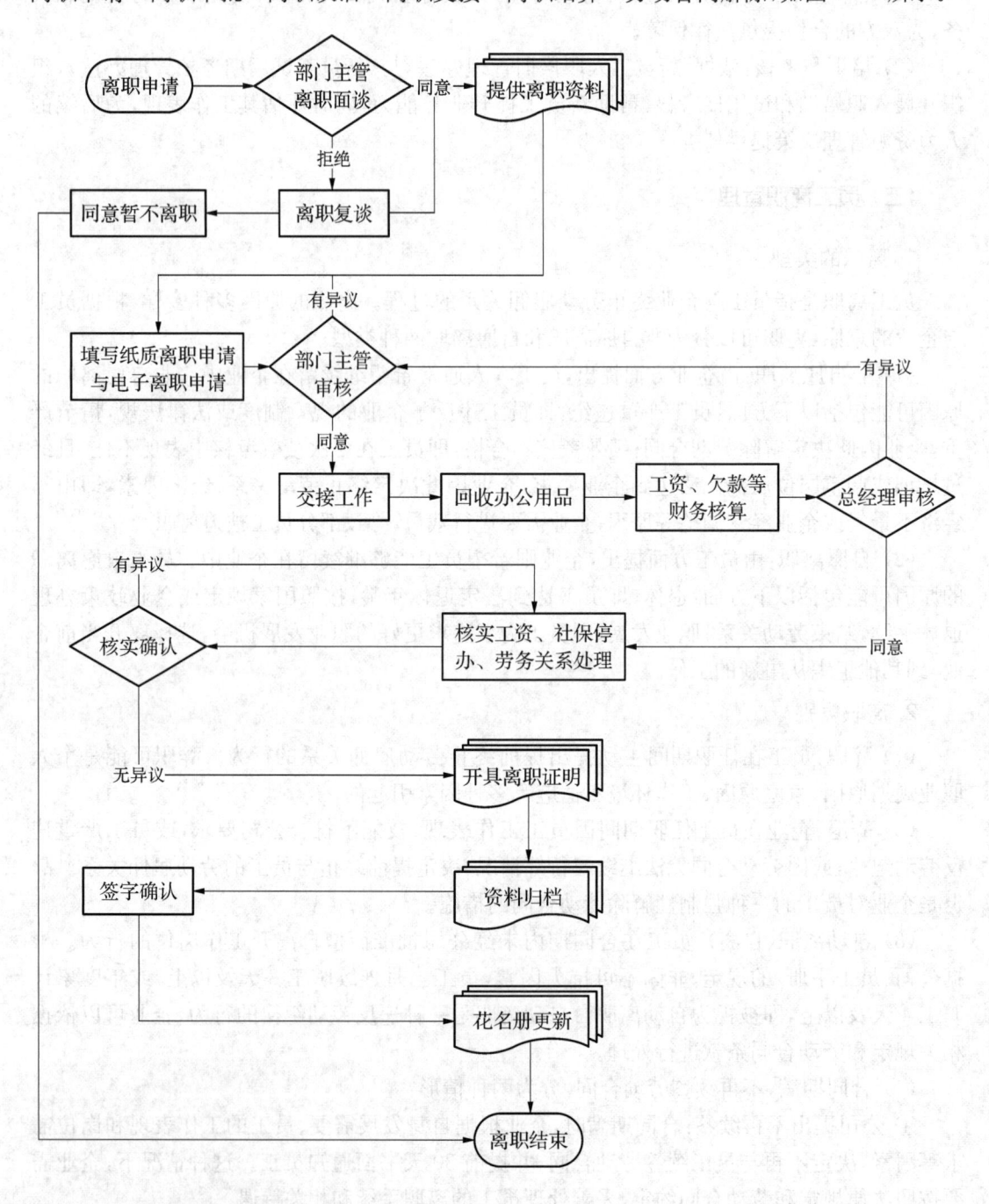

图 2-9 离职办理流程

(1) 离职申请:员工提出离职申请,填写相关表格,说明离职原因和时间等信息。

(2) 离职审批:企业的相关部门或管理人员对员工的离职申请进行审批,根据企业的离职管理制度和员工的具体情况,决定是否批准离职。

(3) 离职谈话:与员工进行离职谈话,了解员工离职的具体原因和想法,沟通企业的相关意见和建议,处理好员工的离职情绪和关系。

(4) 离职交接:员工与企业或相关部门进行工作交接,包括工作任务、文件资料、办公用品等的移交,确保工作的连续性和企业的利益不受影响。

(5) 离职结算:对员工的薪酬、福利、社会保险等进行结算,按照法律规定和劳动合同约定,及时支付员工应得的经济补偿和待遇。

(6) 劳动合同解除:正式解除劳动合同,办理相关的法律手续和备案,结束员工与企业的劳动雇佣关系。

为规范离职办理流程,企业应制定《离职管理办法》,详细规定离职的条件、程序、责任、待遇等方面的内容,为员工和企业提供明确的指导和依据。

4. 辞退员工的方式

(1) 对于试用期员工,企业一般采用劝退(劝其辞职)的方式处理。这种方式可以让员工在职业履历上避免留下被辞退的不良记录,有利于其未来的职业发展和求职机会。在劝退过程中,企业应与员工进行充分的沟通,说明辞退的原因和理由,帮助员工认识到自身的问题和不足,鼓励其在今后的工作中改进和提升。

(2) 对于已经转正的员工,则要严格按照下面的程序给予办理。当企业需要大规模辞退员工的时候,可能会辞退一些优秀员工,也可能会辞退一些在正常工作情况下表现不太好、绩效不佳的员工,在这些情况下一般要遵守同样的辞退员工的程序。

① 口头警告:在采取辞退行动之前,企业应与员工进行正式的沟通,给予口头警告。让员工了解自己的问题和不足,给予其改正的机会,避免其感到突然和措手不及。特别是对于犯错误的员工,口头警告是必要的前置程序,有助于员工认识到错误的严重性。

② 书面通牒:在口头警告之后,企业应提供经过双方签字确认的书面警告。书面警告具有法律效力,是企业辞退员工的重要依据。通过书面警告,员工可以明确知道自己被辞退的具体原因和依据,同时也为企业提供了辞退的合法性保障。

③ 辞退谈话:在辞退谈话前,企业要做好充分的准备,设想被辞退员工可能的反应和情绪,制定相应的应对措施和预案。辞退谈话时,要与员工进行坦诚、理性的沟通,说明辞退的原因、依据和企业的决定,听取员工的意见和反馈,处理好员工的情绪和关系,避免产生不必要的纠纷和负面影响。

④ 离职办理:按正常离职程序为被辞退员工办理离职手续,包括工作交接、薪酬结算、劳动合同解除等。

(三) 劳动合同管理

劳动合同是劳动者和用人单位之间关于订立、履行、变更、解除或者终止劳动权利义务关系的书面协议。它是保障劳动者和用人单位双方合法权益的重要法律文件。

自2008年1月1日起施行的《劳动合同法》是我国第一部较为完整的调整劳动合同关系的法律。该法律对劳动合同的订立、履行、变更、解除和终止等方面做出了详细的规定,为劳动合同管理提供了法律依据和指导。劳动合同管理的要点是：

（1）加强学习：企业应加强员工关系专员对《劳动合同法》的学习和培训，增强法律意识和提高其专业能力，减少因人员操作不当引发的劳动争议和纠纷。

（2）制定管理办法：制定《劳动合同管理办法》，对劳动合同的具体管理给予详细的指导和规范。明确劳动合同的签订、履行、变更、解除和终止等各个环节的操作流程、责任分工、注意事项等，确保劳动合同管理的规范性和合法性。

（3）建立收签表格：建立劳动合同发放后的收签表格，让员工及时签收劳动合同。通过收签表格，可以记录员工的签收情况，确保员工了解和认可劳动合同的内容，同时也为企业提供了劳动合同管理的依据和凭证。

（4）及时新签或续签：严格按照《劳动合同法》的要求，及时与员工签订或续签劳动合同。对于新入职的员工，要在规定的时间内与其签订劳动合同；对于合同期满的员工，根据双方的意愿和企业的需要，及时办理续签手续，避免因未及时签订或续签劳动合同而产生的法律风险和劳动争议。

（四）员工安全与健康管理

员工安全与健康是人力资源最重要的功能之一，健康通常是指除了没有足以妨碍身体正常活动之疾病与伤害，还涉及心理与情感的问题。安全则指身体能够正常活动的健康状态，不涉及心理与情感上的问题。组织机构为确保员工能力的发挥，必须对工作场所的安全与卫生加以管理，安全与健康管理目的在于预防工作场所发生灾害、员工伤亡等，以维护员工的身心健康。

员工安全与健康问题一旦发生，不仅会严重影响员工正常工作，还会对员工的生活、身心健康以及家庭造成极大的伤害。对企业而言，员工安全与健康问题会导致生产力下降，医疗费用和抚恤费用增加，甚至可能对企业整体绩效产生负面影响。

随着社会的发展，与工作相关的意外事件数量不断增加，员工安全与健康问题日益受到重视。企业应不断加强安全与健康管理，建立健全相关制度和措施，定期开展安全培训和健康检查，提高员工的安全意识和健康水平，营造一个安全、健康、和谐的工作环境，促进企业可持续发展。

任务六　竞争情报分析

一、基本概念

（一）信息、知识和情报

信息是物质的一种，带有普遍性的关系属性，是物质存在方式及其运动规律、特点的外在表现，是自然界、人类社会及人类思维活动中存在和发生的一切宏观和微观现象，是事物的运动状态与方式的反映。

☞ 知识拓展：反不正当竞争法

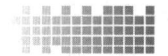

知识是信息的一部分,是对人类社会实践经验的总结,是经人脑思维加工成为有序化的人类信息,是人的主观世界对客观世界的概括和如实反映。知识来源于信息,是对信息加工后获得的产品,人们正是通过对不同信息的获取来认识不同事物,并由此产生新的知识。

情报是知识的一部分,是人们为解决特定问题而被活化了的更为高级、更为实用的知识,是进入人类社会交流系统的运动着的知识。

具体来讲,信息、知识、情报三者之间的逻辑关系可以这样表示:信息＞知识＞情报。

在当今网络信息社会,信息已成为各行各业尤其是企业借以发展的重要支柱。而以商业信息为主要对象的"竞争情报",对于企业保持竞争优势,其作用越来越大。企业在剧烈而又残酷的竞争中,如果缺乏"竞争情报"的帮助,将处于盲目的境地。

(二) 竞争情报的概念

竞争情报(Competitive Intelligence,CI),出现于 20 世纪 50 年代,崛起在 20 世纪 80 年代,以 1986 年美国竞争情报从业者协会(Society of Competitive Intelligence Professionals, SCIP)的成立为标志,是关于竞争环境、竞争对手、竞争态势和竞争策略的信息和研究。竞争情报的获取、生产和传播是通过竞争情报系统(Competitive Intelligence System,CIS)来实现的。

而今,趋于白热化的市场竞争使得企业在其战略决策的制定和实施过程中,对与竞争环境和竞争对手相关的各类信息给予了极大关注。这种需求促成了现代专业竞争情报活动。竞争情报逐渐成为许多发达国家信息界、工商企业界及国家政府关注的热点。

竞争情报是指对组织内外部竞争环境、竞争对手信息进行搜集、提炼和分析,从而提供决策所需情报,为竞争战略提供支持,进而提升企业竞争优势的过程。它紧紧围绕组织的竞争需求,贯穿竞争决策的全过程。

(三) 竞争情报产生的背景

竞争情报的产生、兴起日益受到人们的重视,有着重要的科技、经济、政治和社会因素,具体如下。

1. 全球经济激烈竞争

和平与发展是当代世界的主题,各国纷纷把竞争力的焦点,从战场转向市场,从军事转向经济。经济的激烈竞争,促使国际经济向区域化、集团化发展,在复杂多变的竞争环境中,作为市场竞争主体的企业,需要目标明确、针对性强、对抗性强的情报为其提供策略服务,即"竞争情报"。竞争情报在世界经济激烈竞争中应运而生,并日益成为一种重要的战略资源。

2. 海量信息的涌现

信息的"爆炸"给人类带来莫大益处,同时也带来不少弊端,造成信息的"污染"。在信息污染的环境中,企业想要及时获取真正有价值的信息,便如大海捞针般困难。因此,企业需要目标明确、针对性强、精练准确的情报,这一任务只有竞争情报可以胜任。

3. 信息技术飞速发展

通信技术、计算机技术、网络技术、多媒体技术的发展,为竞争情报的发展带来了契机。大量可用于竞争情报分析的软件多已成熟,并进入商业化,利用这些技术可以监测竞争对手的技术发展动向、市场动态及其他有关情况。信息技术的飞速发展和普遍应用,使灵活调用国际、国内信息资源,建立情报分析应用系统成为可能,为竞争情报的产生提供了技术支持,促进了竞争情报的发展。

4. 竞争情报理论的发展

竞争情报理论研究是 20 世纪 80 年代以来的新课题。20 世纪中叶以来,世界范围内经济、技术的竞争愈演愈烈,随之而来的关于竞争理论的研究不断加强。世界上关于竞争理论研究有影响的人物首推美国哈佛大学经济学教授迈克尔·波特(Michael Porter)。他从 1980 年起,连续发表了 3 部经典性的竞争研究专著,即《竞争战略》《竞争优势》《国家竞争优势》,在竞争领域建立了自己独特的理论体系,为竞争情报研究的出现和发展奠定了理论基础。

(四)竞争情报的研究对象

竞争情报主要以企业的竞争对手、竞争环境为研究对象,并及时做出反应,制定战略决策,以提高企业的竞争优势。

1. 竞争环境

竞争环境是指竞争各方所处的自然环境和社会环境。企业的生存和发展与其所处的环境关系密切,对环境的关注、分析和研究是企业活动的重要内容。竞争环境是大范围、多角度、全方位的,一般包括内部环境和外部环境。内部环境主要有企业财务分析和市场营销分析等。外部环境既包括宏观上的政治、经济、科技和社会文化环境,也可从微观上分为企业所在行业状况和竞争对手状况等。

2. 竞争对手

竞争对手是指在目标市场上,与本企业已有或可能有利害冲突的机构组织。竞争对手可以分为直接竞争对手和潜在竞争对手。分析竞争对手的核心在于确定竞争对手及竞争过程两部分。在普遍了解竞争对手的数量和分布的基础上,准确地确立调查追踪对象至关重要。确定竞争对手的数量,应根据本企业情报工作力量的强弱而定,一般不超过 6 个。只要抓住几个有代表性的强敌,深入细致地调查,即可把握全局。与此同时,潜在的竞争对手也不容忽视,主要是同行新建企业,以及不如自己,但正在赶超自己的竞争者。分析竞争对手的目的是了解每个竞争对手的现状及其发展战略目标,评估其优势及竞争反应模式,从而制定出适合本企业发展的竞争战略。

3. 竞争战略研究

竞争战略是企业之间为在共同的市场上争取有利于自己的经济利益而采取的种种手段和方法,是指竞争者依据自身的实际情况、竞争的环境、竞争对手的现状及其采取的行动所制定或策划的,有利于自身发展的方案、方法或步骤。竞争战略可以从战略目标、战略步骤和战略手段等方面入手,为企业决策的制定和战略的部署提供依据,特别是涉及诸多具体问题时,竞争情报研究更要为之提供详尽具体的数据资料,将即时服务与跟踪服务结合起来。

4. 企业自身测评

企业要取得竞争的优势,就必须认清自身的实力,进行自身测评。企业自身测评,主要包括企业在市场中的地位、产品的市场占有率、产品质量、技术水平、营销策略、资金实力和人员素质等方面。企业要进行与对手各个项目的对比研究,从中发现各自的优势和不足;要善于运用竞争情报,结合自身情况,进行市场细分,寻找市场缝隙,确定目标市场,突出本企业的产品特色与市场形象,以增强企业的竞争能力。

(五)竞争情报的基本特征

竞争情报属于情报这个大概念范畴,因此也具有情报的共同属性,如知识性、非物质形态、社会性、可传递性、积累性、价值性、商品性、可共享性和可重复使用性等。同时,竞争情报还具有一些自身的特性,具体包括以下几个方面。

1. 目的性

竞争情报有着非常明显的目的、目标和针对性,就是通过对竞争对手情报的搜集与分析,进行"知己知彼"的情报研究,为企业提供竞争情报服务,协助企业制定战胜竞争对手的战略策略,使企业立于不败之地。

2. 对抗性

竞争情报是在敌对的情况下了解对手和分析对手,目的是战胜对手。在技术经济和科技领域,剧烈的市场竞争决定了竞争情报的对抗性质。

3. 竞争性

竞争情报是市场竞争的产物,没有竞争就没有竞争情报。就竞争情报而言,首先要具有竞争力,能满足用户市场竞争的需要。竞争情报若不具有竞争力,将失去其存在的地位。

4. 超前性

竞争情报多供决策参考之用,决策是行动之前的活动,所以情报的提供必须在决策之前才有现实意义。过时的情报或提供情报不及时只会造成决策失误,没有任何实际意义。

5. 高价值性

竞争情报的搜集和分析研究需要下一番功夫。竞争情报中的智慧含量远远超过一般情报,竞争情报的适用性也超过一般情报,所以,其价值自然就高于一般情报。

6. 高增值性

竞争情报的高价值是高增值的反映,高增值是高价值的基础。企业能及时获得准确适用的竞争情报,并能适时合理地运用于决策,即可在竞争中获得更大利益。

7. 谋略性

竞争情报的研究要具有战略性,这样才能发现信息的新效用,产生新的管理理念,同时在情报的搜集上又要具有广泛性、持续性和时序性,以获取有利于企业决策的竞争情报。

(六)竞争情报与相关概念的比较

1. 竞争情报与经济间谍的区别

竞争情报在我国没有被重视起来,主要是因为认识上不够,对竞争情报的理解错误,即把竞争情报当作不合法、不正当地获取信息、资料的一种手段,把竞争情报误理解为"间谍"。

故在此对竞争情报与经济间谍进行比较分析,有利于正确理解和全面认识竞争情报,并有效地利用竞争情报为企业竞争服务,提高企业竞争力,获得竞争优势,避免陷入"经济间谍"的误区。

(1) 两者产生的社会背景不同。市场竞争的加剧和社会信息化、知识化的高度发展是竞争情报产生的重要社会背景。市场牵引和利益驱动既是竞争情报产生的"催生婆",又是竞争情报蓬勃发展的原动力。经济间谍的产生要早于竞争情报,自有经济活动以来经济间谍就已存在,工业革命后日益盛行,并逐渐发展成为一种产业。为了在风云突变的市场环境中取得竞争的胜利,在利益的驱使之下,一些企业和个人不惜铤而走险,钻法律和行业规范的空子,围绕商业秘密和技术秘密,在企业之间展开了大量鲜为人知的秘密活动,不择手段地获得所需信息、情报,经济间谍应运而生。

(2) 两者的内涵有别。竞争情报是获取和分析公开资料的过程,即全部的竞争情报活动必须是合法的、正当的,手段不正当的情报活动不属于竞争情报的范围。窃取商业秘密的经济间谍过去有,现在也有,将来仍然会有,但它属于另一种性质的情报活动(即经济间谍活动),不能扯进竞争情报中来,也不能用竞争情报的概念去覆盖它,更不能借竞争情报之名,行侵犯他人商业秘密之实。两者的界线应该分清,否则,将会有越来越多的企业卷入诉讼纷争之中,不利于他们放手大胆地开展竞争情报工作。

(3) 两者的目的有差别。竞争情报的目的是通过各种正当的、合法的、有效的手段和途径了解竞争对手,并获取有关竞争对手的一切情报,为企业决策提供支持,从而使企业在竞争中赶超竞争对手,保持或获得竞争优势,并最终战胜竞争对手。从最终目的来看,企业竞争情报的运作是围绕提高企业的核心竞争力而展开的。或者说,竞争情报的目的是企业以最小的投入获得最大的产出或效益。从一定程度上来讲,竞争情报的开展可能会出现一种"双赢"或"多赢"的局面,因而竞争情报备受商界的欢迎。而经济间谍除了要达到以上竞争情报的目的,通常还会有一些不可告人的目的,如搞垮竞争对手,破坏竞争对手正常的经济活动,改变对手的活动计划,获取暴利等。可以说,经济间谍只会出现"单赢"的结局,因为它是一种你死我活、非此即彼的残酷竞争。

(4) 两者达到目的的手段不一致。竞争情报工作主要通过正当的、合法的手段和方式获取竞争对手的信息;而经济间谍主要采用不正当、非法的手段来获取竞争对手的信息,其情报获取和利用具有非法性,常常是钻法律和行业规范的空子,打"擦边球",不择手段地获取所需信息。

(5) 两者的信息来源迥异。竞争情报的信息来源十分广泛,国内外常用的竞争情报信息源大约有20种,分别为报刊和专业杂志、行业协会出版物、产业研究报告、政府各管理机构对外公开的档案、政府出版物、数据库、工商企业名录、产品样本和手册、信息调查报告、企业招聘广告、企业内部各职能部门员工、经销商、供货商、行业会议、行业主管部门、展览会、客户、竞争对手、反求工程、专业调查咨询机构等。其中,前10种为公开发表的竞争情报信息源,而后10种为非公开发表的竞争情报信息源。无论哪种竞争情报信息源都可以通过正当的、合法的手段取得,如通过订购、复印、调查、分析、比较、索取、交换、数据检索等方式搜集获取。通过开展竞争情报活动来提高企业的核心竞争力,战胜竞争对手,已经受到全球企业界高度重视。经济间谍的信息源主要集中在受法律保护的非公开的商业秘密和技术秘密上。企业之间都不同程度地采取了一系列的反竞争情报措施及必要的反窃密措施来防止商

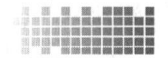

业秘密和技术秘密的泄露。在激烈的商战中,为了取得竞争的胜利,一些机构和个人不惜一切代价,不择手段,违反行业规范、职业道德,甚至是违法来获取商业秘密与技术秘密。这种不法的、不正当的竞争手段及情报获取方式给一些企业带来了巨大的损失,也破坏了正当的经济秩序和竞争秩序。

总之,我们必须认清竞争情报的范围,将竞争情报与经济间谍划清界限,这样才能有力地保护正当的、合法的竞争情报活动,打击不正当的、非法的经济间谍活动,维持正常的竞争秩序。

2. 竞争情报与商业秘密的区别

我国政府颁布的《反不正当竞争法》明确规定:商业秘密是指不为公众所知悉,能为权利人带来经济利益,具有实用性并经权利人采取保密措施的技术信息和经营信息。由此可以看出二者的区别有以下两点:

(1) 竞争情报搜集的信息都是公开的,为公众所知的;商业秘密的内容是不为公众所知悉的。

(2) 竞争情报搜集的信息都是持有人未加保密措施的;商业秘密的持有人应有保密的意图,并已尽力采取合理的保密措施。

3. 竞争情报与传统市场调查的区别

竞争情报和传统的市场调查都需要获取信息,但它们有许多重要的差别。传统的市场调查的主要对象就是顾客,而竞争情报关注的范围要广泛得多,重点也有所不同。具体而言,竞争情报和市场调查的差别表现在调查对象、信息来源和调查方法等方面。竞争情报涉及的范围广泛,既包括顾客,也包括竞争对手及影响顾客和竞争对手的宏观环境,如经济、技术、政治等;市场调查的范围比较窄,一般只关注顾客。

二、竞争情报的处理方法

(一) 竞争情报的搜集方法

企业之间的竞争是一场生死存亡的经济战,如果不考虑竞争对手的情况,企业所制定的战略计划就会成为一纸空文。为了取得竞争优势,企业可能会不择手段地去获取竞争对手的情报,包括合法的、非法的、明的与暗的、合法与非法混用的等方法。常见的方法如下:

(1) 委托情报机构或专业人员深入了解竞争对手的有关情报。
(2) 从对手的员工中获取情报。
(3) 从与对手相关的人员中获取情报。
(4) 搜集对手的业务文件。
(5) 直接观察和分析对手的活动。
(6) 从公开出版物中获取情报。
(7) 组织和参加各种交易会、展览会、有竞争对手企业人员参加的业务会、研讨会和座谈会等。
(8) 注意广播、电视等大众媒介对竞争对手的介绍。

(9) 利用"高级乞丐"从垃圾堆中获取情报。

(10) 通过友好访问搜集竞争对手的产品,并迅速拆装、化验、分析和研究。

(二) 竞争情报的分析方法

情报分析就是根据特定需要,广泛搜集和积累有关文献资料,或是进行必要的市场调查,运用科学的研究方法,通过推理、判断、分析、综合、对比、演绎和归纳等逻辑思维过程或数学处理,进行研究并取得成果的一项工作。

竞争情报的分析直接关系着情报的最终质量,影响着企业的战略决策。掌握竞争情报分析方法,提高对信息的利用本领,是企业竞争情报系统建设中非常重要的一部分。

竞争对手和企业自身的分析方法如下。

1. 定标比超

市场竞争愈演愈烈,情报对企业的前途和命运起着举足轻重的作用。企业的生存和发展完全由自身的战略决策、产品质量、管理水平、成本价格和营销手段决定。这就迫使企业必须关注周围的竞争环境,全面掌握市场和竞争对手的各种情报,努力发现自身的不足和缺点,不断地向竞争对手或者行业内外的一流企业学习,从而确保自己在市场竞争中的有利地位,争取赢得并保持自己的竞争优势。而定标比超正是这样一种重要且有效的竞争情报分析方法。

采用定标比超方法,能很好地为企业树立自己的前进目标与方向,这样才能不断地向最先进的企业靠拢,并最终走向企业的成功之路。将任何本企业业务活动与从事该项活动最佳者进行比较,从而提出行动方案以弥补自身的不足。

2. 价值链分析

竞争者价值链之间的差异是竞争优势的一个关键来源。分析竞争对手的价值链,就是分析竞争对手的整个商业运作活动,从中形成对竞争对手的整体性了解,测算出竞争对手的成本,了解其竞争优势,从而制定相应的竞争战略,战胜对手。

3. 核心竞争力分析

核心竞争力分析的目的是确定竞争对手独具特色的某项价值链活动,它既能够为竞争对手创造价值,又是可持续竞争优势的源泉。核心竞争力的形成有两种途径,一种是通过掌握核心技术得到实现,另一种是通过优化企业的业务流程得到实现。因此,核心竞争力的分析就是要找到企业的核心技术或优秀的业务流程。

4. SWOT 分析

SWOT 分析法是企业竞争情报工作中最基本、最有效而简明的分析方法,是竞争情报工作人员必须掌握的方法。不管是对企业本身或是对竞争对手的分析,SWOT 分析法都能较客观地展现一种现实的竞争态势;在此基础上,指导企业竞争战略的制定、执行和检验;对总的态势有所了解后,才有利于运用各种其他分析方法对竞争对手和企业本身进行更好的分析与规划。

5. PEST 分析

PEST 分析即从政治(法律)的、经济的、社会文化的和技术的角度分析环境变化对本企业的影响。随着经济、社会和科技等诸多方面的迅速发展,特别是世界经济全球化、一体化过程的加快,全球信息网络的建立和消费需求的多样化,企业所处的环境更为开放和动荡。这种变化几乎对所有企业都产生了深刻的影响,正因为如此,环境分析就成为一种日益重要的企业职能。

6. 五力模型

行业内竞争者的均衡程度、增长速度、固定成本比例、本行业产品或服务的差异化程度、退出壁垒等,决定了一个行业内的竞争激烈程度。

7. 专利分析

专利是竞争情报最重要的信息源之一,专利分析自然成为竞争情报中信息分析的一部分。随着全球竞争的激化,知识产权的保护日益严密,跟踪、研究、分析竞争对手的专利发明,已成为获得超越竞争对手优势的一个重要手段。

8. 财务报表分析

财务报表分析法是通过各种方法搜集研究对象的财务报表,分析其经营状况、融资渠道以及投资方向等情报。利用财务报表分析法能够对竞争对手的经营状况及其资金流动方向与数量等进行有效跟踪。

(三) 企业竞争情报实施的一般流程

(1) 企业需求评估。提出明确的问题和信息需求,确定竞争情报活动的目的。

(2) 需求提问。根据企业需求评估的结果,提出需要解决的具体问题。

(3) 制定信息搜集策略。列出组织内外现有资源的分布,并找出差距,确定信息搜集的方法、手段和目标,提高资源利用效率。

(4) 信息搜集。情报人员或团队从公开信息源和非公开信息源搜集有关的原始信息。

(5) 信息处理与存储。信息的加工、整理、组织、存储,即对原始信息进行加工,并且按照统一的数据结构进行格式转换,以保证其准确性和完整性,并对信息进行有序化处理。

(6) 信息分析与评估。包括对信息的解释与分析,组织与综合,并对信息的质量、准确率、可信度等进行评估。如果判定搜集到的信息不足,则重复信息搜集步骤,否则转入下一步工作。

(7) 情报产品的形成。情报人员以原始信息为基础,综合应用竞争分析方法和信息分析方法,结合分析人员的经验和知识,形成分析报告。

(8) 情报产品的提交。情报分析人员将分析报告提交给决策机构用以辅助决策,此步骤为情报传播过程。

(9) 竞争情报的实施。在竞争情报的参与影响下进一步优化决策活动。

(10) 情报实效评价。竞争情报活动效果评价及反馈。

三、竞争情报系统

(一) 竞争情报系统的概念

竞争情报工作就是建立一个情报系统,帮助管理者评估竞争对手,以提高竞争的效率和效益。竞争情报系统(Competitive Intelligence System,CIS)也称战略信息系统,是面向企业竞争发展需要的新一代信息系统。它是从企业竞争战略的高度出发,通过充分开发和有效利用企业内外信息资源来提高企业竞争实力的信息系统,是运用现代技术支持为企业获得或维持竞争优势的信息系统。它能够对企业内部和外部竞争环境因素、事件的状态、变化的数据信息进行搜集、存储、处理和分析,并以适当的形式将分析结果(即情报信息)发布给战略管理人员的计算机系统,简称为基于计算机信息管理的竞争情报系统。

(二)竞争情报系统的功能和作用

竞争情报系统是企业为了竞争制胜的需要而设置的竞争情报搜集、加工、存储、分析、研究、管理和保障等因素相互联系的完整体系。竞争情报系统是企业的决策信息的仓库,是企业高层领导者制定战略决策的重要的参谋部。具体来说,竞争情报系统的基本功能如下。

1. 竞争环境监视

企业面临的市场环境复杂多变,企业要生存下去,就必须全面、准确地了解与本企业、本行业有关的环境信息。只有适应竞争环境的变化、及时获取行业相关的情报信息并及时做出正确的反应,制定出正确的企业战略方案,企业才能求得生存和发展。竞争情报系统可以帮助企业了解所处的行业竞争环境,及时跟踪、分析情报信息,降低对企业未来发展的影响。

2. 市场预警

企业在发展过程中,需要不断地分析市场状况,掌握市场变化,扩大市场份额,提高产品的销售规模,做好产品的市场推广及营销活动,注重消费者对产品的反馈信息,找出产品及服务的优缺点,及时调整产品的质量和服务,以确定下一步发展战略。竞争情报系统就是企业的智囊,起到市场的导向作用,商品营销的警示作用,以及做出战略决策的参谋作用。对于企业来说,市场中的任何变化都可能对企业的利益乃至生存产生重大影响。企业必须能够利用竞争情报系统及早发现预警信号,及早做出相对应的措施,避开威胁,寻求新的发展机遇。

3. 竞争对手分析

分析竞争对手的目的,是要了解竞争对手策略和战略目标,正确地评估竞争对手的优势与劣势,在充分分析的基础上制定出本企业的竞争战略。竞争情报的重点分析内容是要充分了解竞争对手。

4. 策略制定

有效的竞争策略是企业获得和维持竞争优势的先决条件,企业管理者在做出战略决策时必须掌握充分的市场情报信息。竞争情报系统为决策提供准确的情报支持。

5. 客户分析

企业间产品差异性越来越小,竞争对手越来越多,而客户的要求也千变万化。企业必须建立核心优势,关注顾客需要,建立完善的顾客服务体系,赢得市场回报。利用现代企业竞争情报系统可以进行客户行为分析,及时发现企业客户的行为规律,并对其行为规律进行分析;还可以发现重点客户,包括开发新客户和保留老客户。利用企业竞争情报系统对客户行为进行分析,能够帮助营销部门完善其决策的精确性,帮助企业准确地制定市场策略和有效开展市场活动。

6. 信息安全

竞争情报是一把"双刃剑",我们可以利用竞争情报技术来分析竞争对手,竞争对手也可用它来分析研究我们。企业既要利用竞争情报技术通过合法的行为来获取其他企业的商业情报信息,又要慎重地保护本企业的商业机密,防止其他企业窃取本企业的核心机密。竞争情报系统监控着与企业相关的各类情报,能够快速发现情报泄露等异常情况。利用反竞争情报技术可以有效地协助企业保护自己的情报信息。

7. 决策支持

通过对竞争环境持续系统地监测,收集各种竞争性情报,鉴别并捕捉机遇,协助企业管理层利用机遇做出适当的决策。企业不仅要规避环境中的各种风险,还要利用企业环境变化提供的各种机会,促进企业的生存与发展。

项目三

模拟企业经营管理操作

知识目标
- 熟悉数智企业经营管理沙盘界面操作。
- 理解"引导年"操作流程。

技能目标
- 能够进行数智企业经营管理沙盘各个岗位界面的操作。
- 能够按照"引导年"任务模拟企业"引导年"操作。

思政目标
- 培养在企业经营中坚持职业道德,德法兼修的职业素养。
- 培养扎实细致、精益求精的工匠精神。
- 培养责任意识、团队意识与合作精神。

思维导图

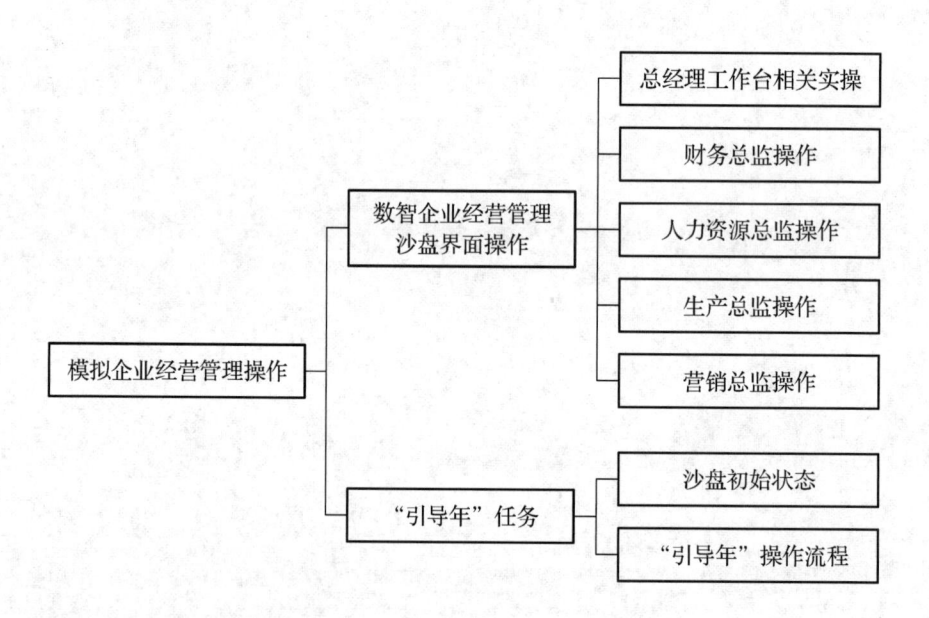

```
                                        ┌── 总经理工作台相关实操
                                        ├── 财务总监操作
                      ┌─ 数智企业经营管理 ─┼── 人力资源总监操作
                      │   沙盘界面操作     ├── 生产总监操作
模拟企业经营管理操作 ─┤                   └── 营销总监操作
                      │
                      └─ "引导年"任务 ─┬── 沙盘初始状态
                                        └── "引导年"操作流程
```

项目三　模拟企业经营管理操作

任务一　数智企业经营管理沙盘界面操作

一、总经理工作台相关实操

（一）数智沙盘中的"总经理"界面

各个岗位登录，左上角显示的都是"总经理"，如图3-1所示。界面上方中间显示时间点，如第一年一季度。通过界面右上方"财务查询"，可以查看当时的现金和权益。界面中间右侧图为岗位分类，包括"财""人""产""销"，对应财务总监、人力总监、生产总监、营销总监，点击不同岗位图标进入不同界面。界面的下方分别有"智能决策""社会责任""数据咨询""碳中和""交易市场""市场调研""经营排行"和"经营报告"按钮。

图3-1　总经理界面

（二）平台下方操作按钮

1. 智能决策

"智能决策"界面是由营销、财务、生产和人力四个部分组成的饼状图。例如，点开"营销"会显示会员指数、销售收入和营销费用等常用的参数，如图3-2所示。点开"财务"会显示贷款额、所有者权益等常用的参数，如图3-3所示，点开"贷款额"可以跳转到贷款界面，点开"所有者权益"可以跳转到资产负债表界面。

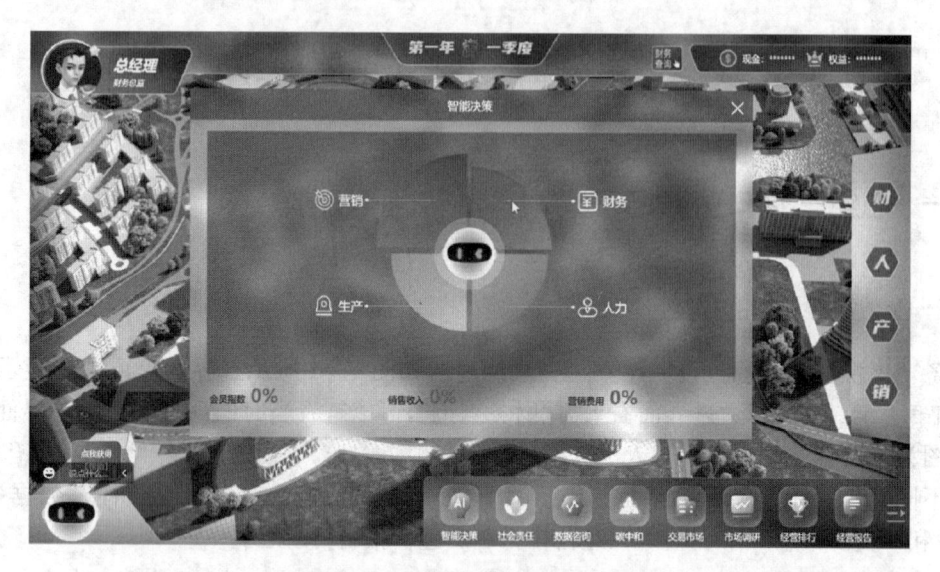

图 3-2 "智能决策(营销)"界面

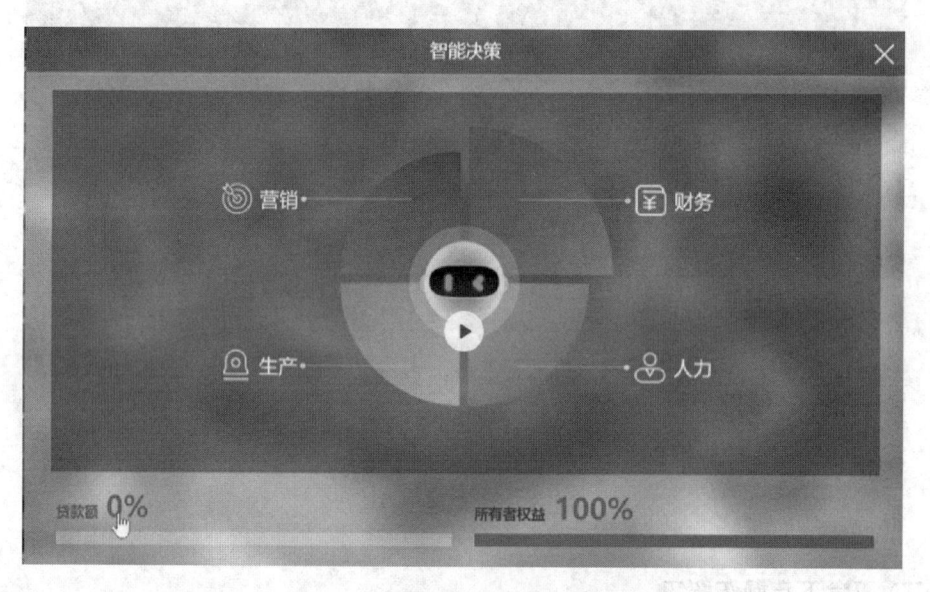

图 3-3 "智能决策(财务)"界面

2. 社会责任

社会责任包括建设"一流企业""勇于创新""诚信守法""社会责任"和"国际视野"几个模块。通过"社会责任"模块可以开启精准扶贫特殊事件,选择在第几季度启动后,"捐款"按钮就会变成蓝色,表示可以进行捐款,捐款可在企业所得税的税前扣除。如图 3-4 所示。

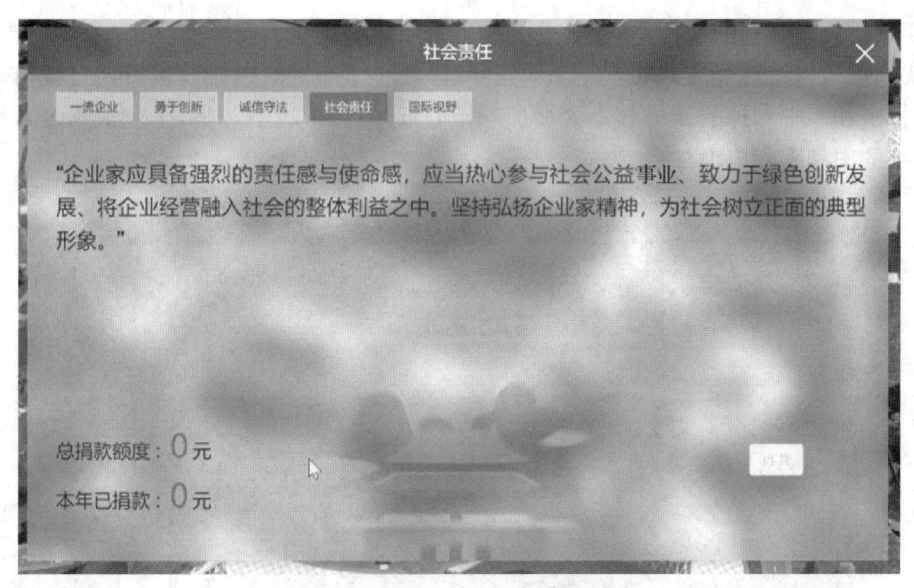

图 3-4 社会责任

3. 数据咨询

在"数据咨询"中，我们可以选择某一公司的财务信息，包含其资产负债表、利润表和现金流量表，可以查看该公司产品库存信息、原材料库存信息、产能明细信息、科研的明细、会员明细。通过支付 2 000 元的"情报购买"，购买以上情报信息，如图 3-5 所示。

图 3-5 数据咨询

4. 碳中和

碳中和（见图 3-6）在第三年开启，开启后可查看企业当年可使用的碳配额和已经使用的碳配额；当碳排放超出限额时，无法继续生产。第四年的碳配额将以第三年的实际碳排放量为基准进行计算。自第三年起，企业每年将根据上一年的碳排放情况获得相应的碳排放额,上年碳排放量越高的队伍,本年被分配的碳排放量则越少。企业有义务中和其排放的碳量,主要通过植树造林等方式实现。从第三年起,当年所产生的碳排放量可通过植树造林等措施进行中和。中和掉的碳排放不会增加总排放量,但会影响中和率,企业最终经营得分将根据每年的中和率相应增加。

图 3-6 碳中和

5. 交易市场

交易市场类似于现货市场,购买的货物会立即到货,无须等待,但购买价格通常高于生产的价格。点击"交易市场"按钮,如图 3-7 所示,可购买材料和产成品。

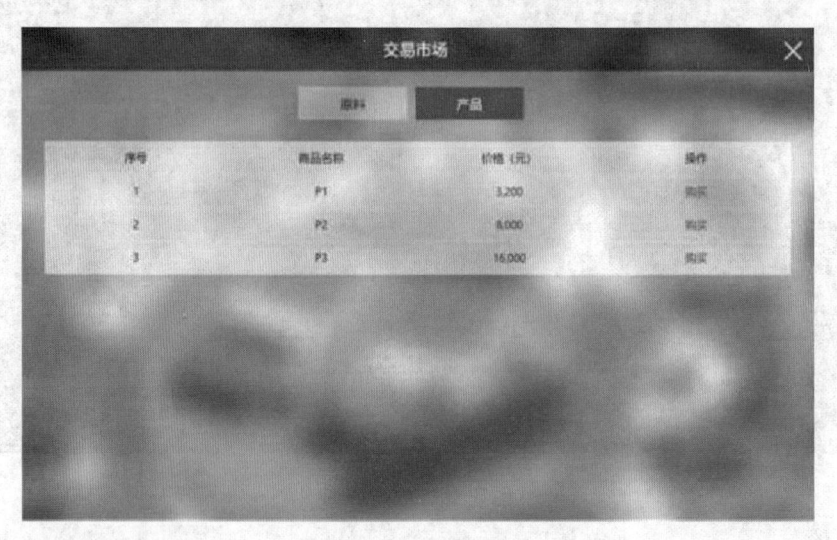

图 3-7 交易市场

6. 市场调研

点击"市场调研"按钮,可以查看各个季度市场的总量和均价,以便制定销售策略。例如,第 1 年 2 季度,国内市场小羊单车、安全舒适特性的总量 25 000,平均价格为 2 500,如图 3-8 所示。

图 3-8 市场调查

7. 经营排行

每年年度结束以后，各小组可以在经营排行里看到所有小组的情况。每个季度，学生可以随时查看各小组的成绩。

8. 经营报告

经营报告是对整个经营情况的汇总，包含公司的总销售额、市场份额及销售情况等数据，学生可以在实训报告中进行相应分析。

二、财务总监操作

在"总经理"界面点击"财"按钮，进入"财务总监"界面。"财务总监"界面右侧包含"融""收""付""费""控""表"几个功能按钮，如图 3-9 所示。

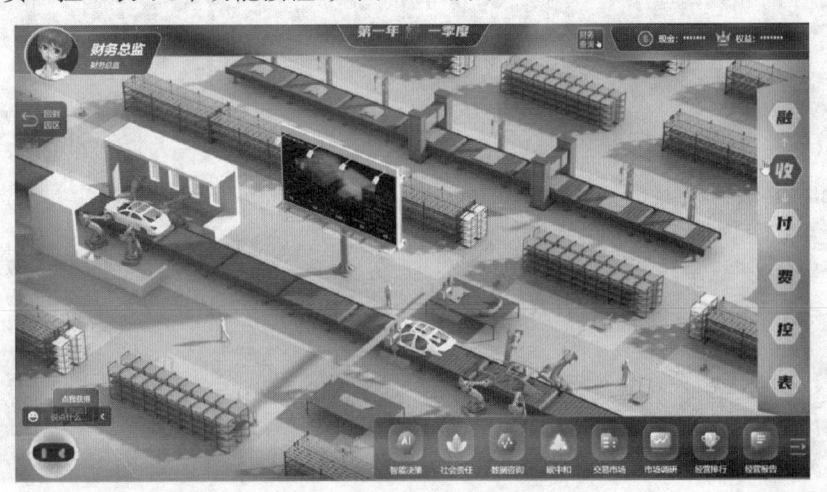

图 3-9 "财务总监"界面

(一)"融资管理"界面

点击"融"按钮,进入"融资管理"界面,包含直接融资、短期银行融资和长期银行融资三种融资方式。"融资管理"界面显示融资规则,包含贷款时间、还款方式和利率信息。在融资决策位置,我们可以选择融资套餐和额度。融资现况显示已选择融资套餐情况。融资现况区域右上角实时显示融资额度,如图3-10所示。

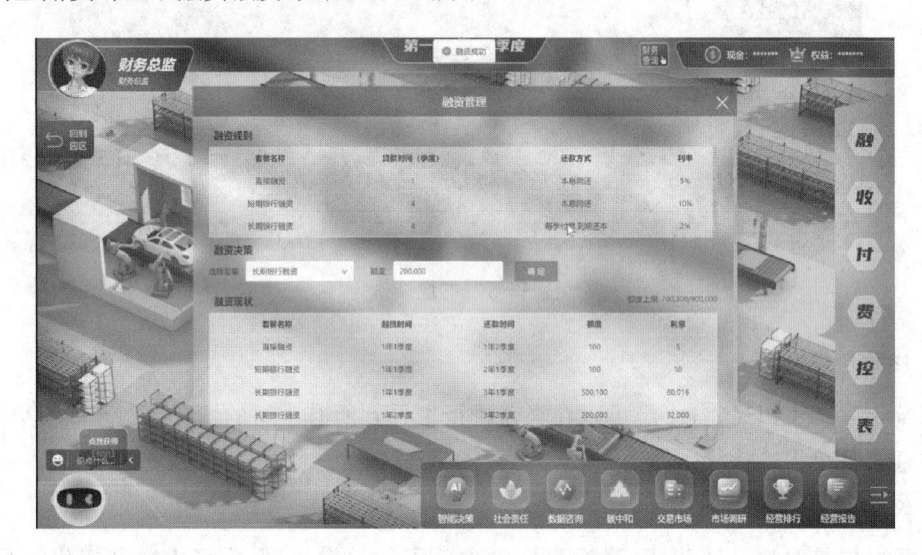

图3-10 "融资管理"界面

(二)"应收账款管理"界面

点击"收"按钮,进入"应收账款管理"界面,可以在"应收账款管理"界面进行收款或贴现,如图3-11所示。

图3-11 "应收账款管理"界面

(三)"应付账款管理"界面

点击"付"按钮,进入"应付账款管理"界面,在"应付账款管理"界面支付材料费。开启智能生产以后,同样需要财务总监到"付款管理"界面进行付款操作,如图3-12所示。

图3-12 "应付账款管理"界面

(四)"费用管理"界面

点击"费"按钮,进入"费用管理"界面,如图3-13所示。

图3-13 "费用管理"界面

费用主要包含管理费用和财务费用。管理费用需要每个季度进行缴纳,如果没有进行缴纳,系统会自动进行管理费用扣除,并且扣减商誉值。财务费用包括银行融资的本金和利息。

(五)"预算控制"界面

点击"控"按钮,进入"预算控制"界面。预算控制中,财务总监根据市场营销部、生产设计部和人力资源部上报的预算进行本金预算的填写,如图3-14所示。

图3-14 "预算控制"界面

实际发生额在预算的80%到120%之间,属于正常预算范围。如果实际发生额超出了这个范围(即低于80%,或者超过120%),系统就对小组进行扣分。

(六)"报表管理"界面

模拟企业经营时,可以实时利用"报表管理"界面的数据进行报表分析,包括资产负债表、利润表和现金流量表,分别如图3-15、图3-16和图3-17所示。

图3-15 "报表管理-资产负债表"界面

项目三　模拟企业经营管理操作

图3-16　"报表管理-利润表"界面

图3-17　"报表管理-现金流量表"界面

（七）"财务数字化管理"界面

在"财务总监"界面点击屏幕中间的小电脑，可以点击开启财务数字化管理，如图3-18所示。

图3-18 "财务数字化管理"界面

财务数字化开启后界面中出现"风险监控"和"财务大数据"按钮,如图3-19所示。

图3-19 财务数字化开启后界面

点击"风险监控"按钮,出现常用的财务指标。指标显示红框,说明该指标超出临界值,如图3-20所示。

项目三 模拟企业经营管理操作

图3-20 "风险监控"界面

点击"财务大数据"按钮,进入财务大数据自选看板,包括总收入、总成本、总利润、权益数据,并以图形化展示费用结构、各季度总预算使用情况、资金来源统计、收入和资金需求、各企业净利润对比以及资产构成等信息,如图3-21所示。

图3-21 财务大数据自选看板

三、人力资源总监操作

"人力总监"界面右侧包含"选""用""育""留"几个功能按钮,如图 3-22 所示。

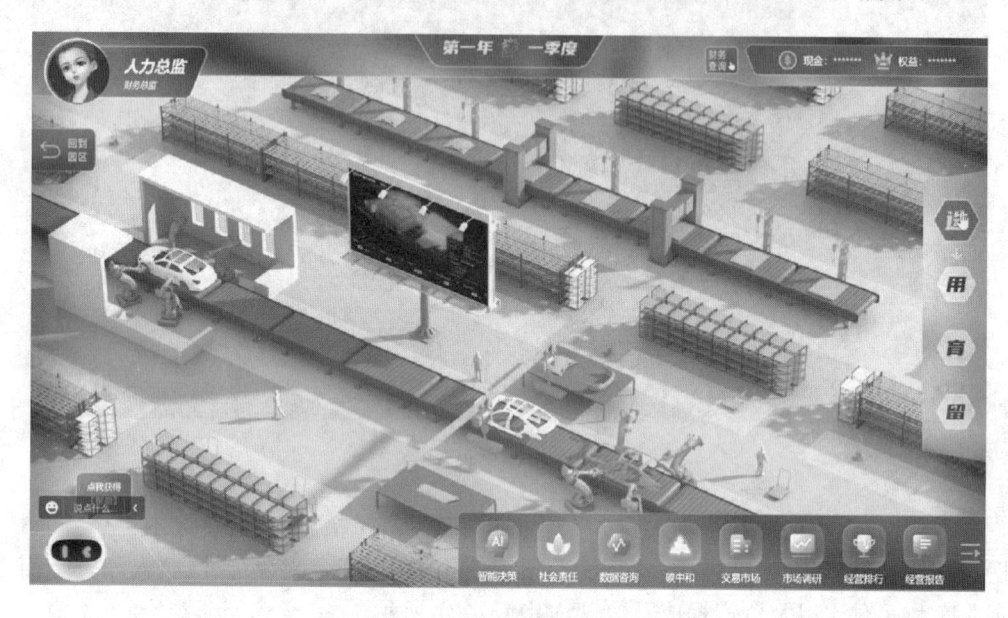

图 3-22 "人力总监"界面

（一）"招聘管理"界面

点击"选"按钮,进入"招聘管理"界面,该界面中人力资源市场展示了人力信息,包括姓名、等级、基本效率、期望月薪以及发放 offer 操作,如图 3-23 所示。

图 3-23 "招聘管理"界面

项目三 模拟企业经营管理操作

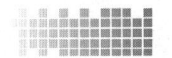

工人的等级分为手工工人和高级工人,每个工人效率不同,期望月薪也不同。发放 offer 时需要列出给出的薪资。如果所给薪资大于等于他期望的薪资,这个工人就一定会来到我们公司。如果所给薪资介于他期望薪资的 70% 至 100% 之间,这个工人有一定概率不来公司,越接近 100%,来公司的概率越大。如果给出的实际工资低于他期望薪资的 70%,工人不会来公司。在发 offer 的时候具体需要多少人由生产来决定。

(二)"岗位管理"界面

点击"用"按钮,进入"岗位管理"界面,在该界面人才列表中展示实际招聘到的员工信息,包括姓名、等级、月薪和状态等,如图 3-24 所示。在右侧的操作处可以进行结薪和解雇操作。须按季度给工人发放工资,否则工人就会自动离职。工人离职的时候,企业要给工人 N+1 的赔偿,并且还会被扣减商誉值。

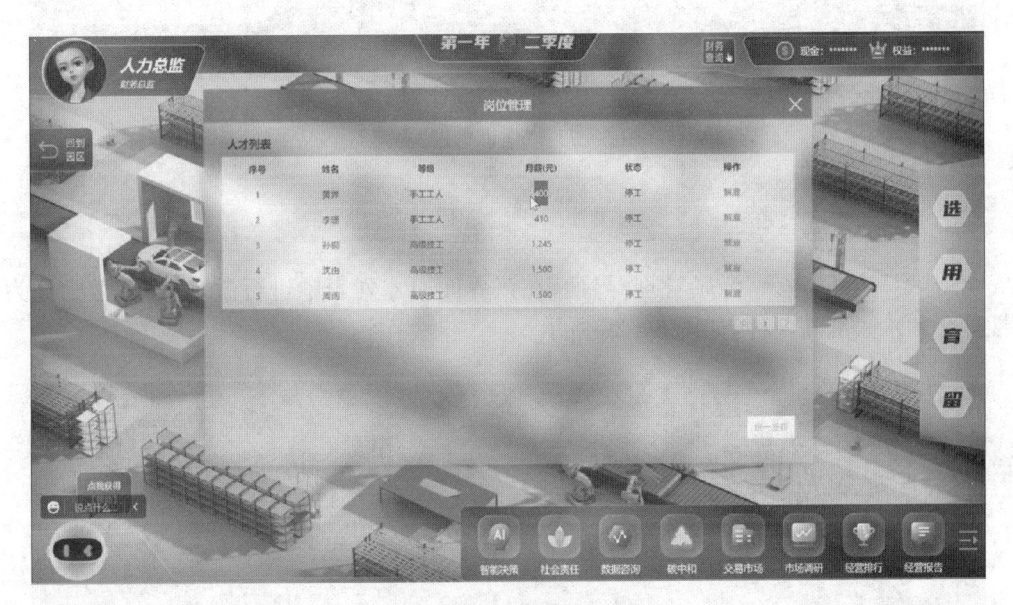

图 3-24 "岗位管理"界面

(三)"培训管理"界面

点击"育"按钮,进入"培训管理"界面,在该界面人才列表中展示实际招聘到的人力信息,包括姓名、等级、月薪和状态等。选择工人后,在"培训管理"界面点击"开始培训",在下一个季度,手工工人将升级为高级工人,如图 3-25 所示。

图 3-25 "培训管理"界面

(四)"激励管理"界面

点击"留"按钮,进入"激励管理"界面,在该界面人才列表中进行激励操作,激励分为一次性奖金和永久涨薪两种,如图 3-26 所示。

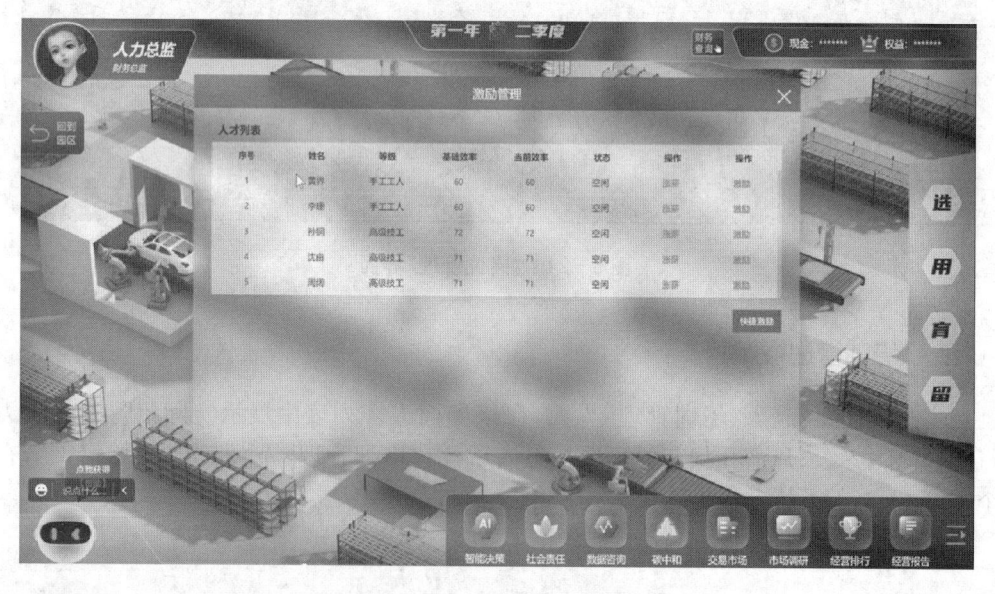

图 3-26 "激励管理"界面

(五)"人力数字化管理"界面

在"人力总监"界面点击屏幕中间的小电脑,可以点击开启人力数字化管理,如图 3-27

所示。

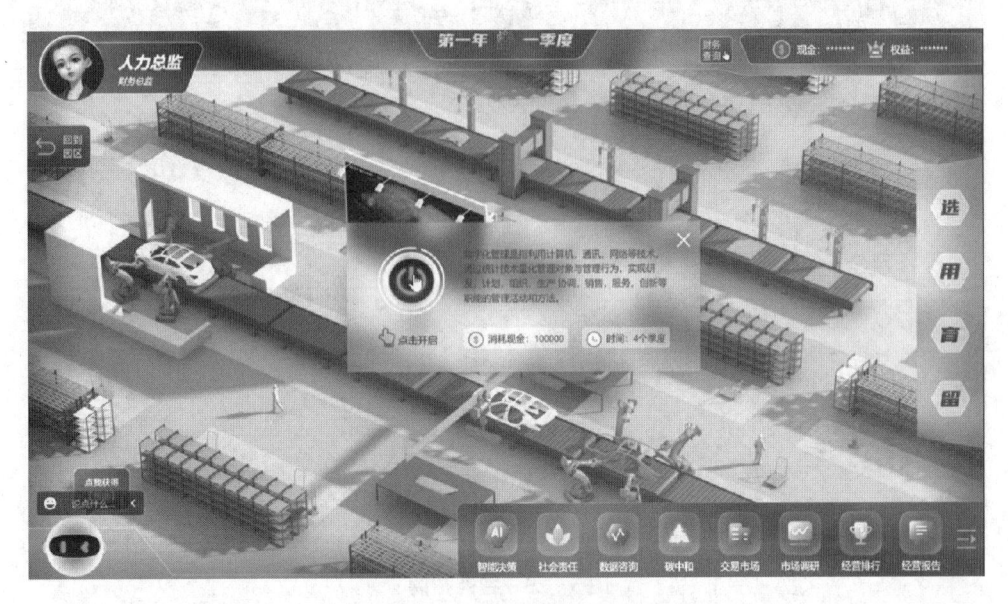

图 3-27 "人力数字化管理"界面

人力数字化开启后,界面中会出现"智能招聘"和"人力大数据"按钮,如图 3-28 所示。

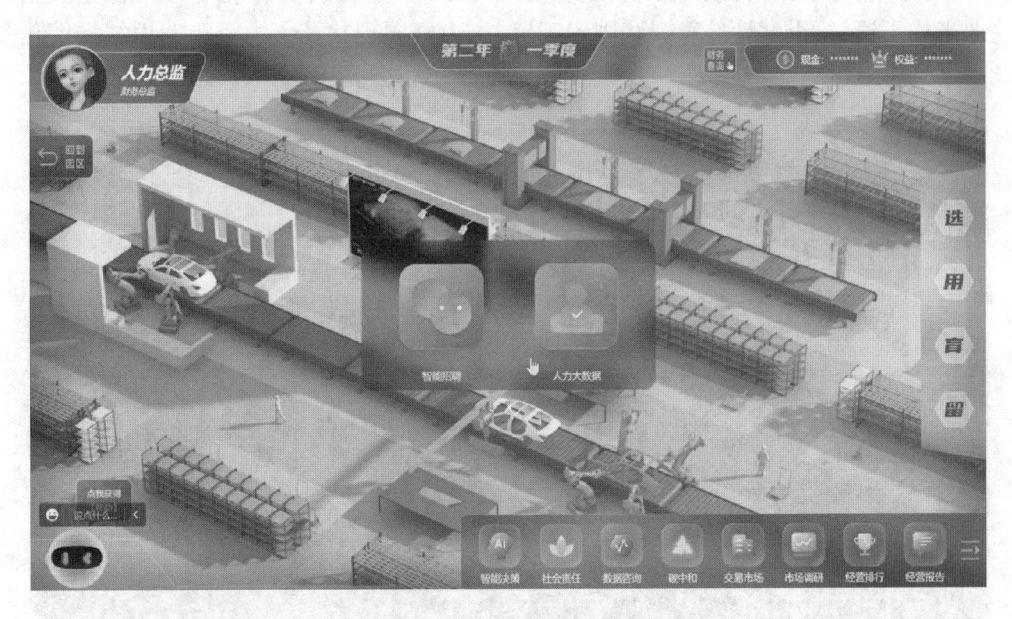

图 3-28 人力数字化开启后界面

点击"智能招聘"按钮,系统将可以根据生产总监提交的人力资源需求进行智能筛选,如图 3-29 所示。

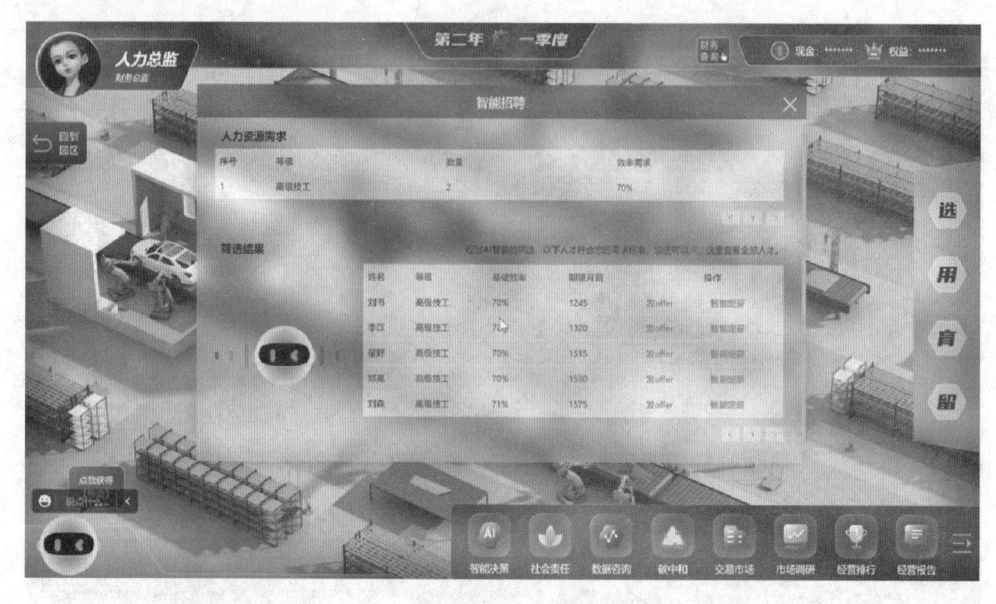

图 3-29 智能招聘

点击"人力大数据"按钮，进入人力大数据自选看板，该界面展示总人数、本年工资支出累计、平均工龄和人均工资数据，并以图形化方式展示岗位类别结构、各季度人员增长情况、各企业平均工资、每季度计件工资和固定工资、人力资源现状及人力资源费用结构等信息，如图 3-30 所示。

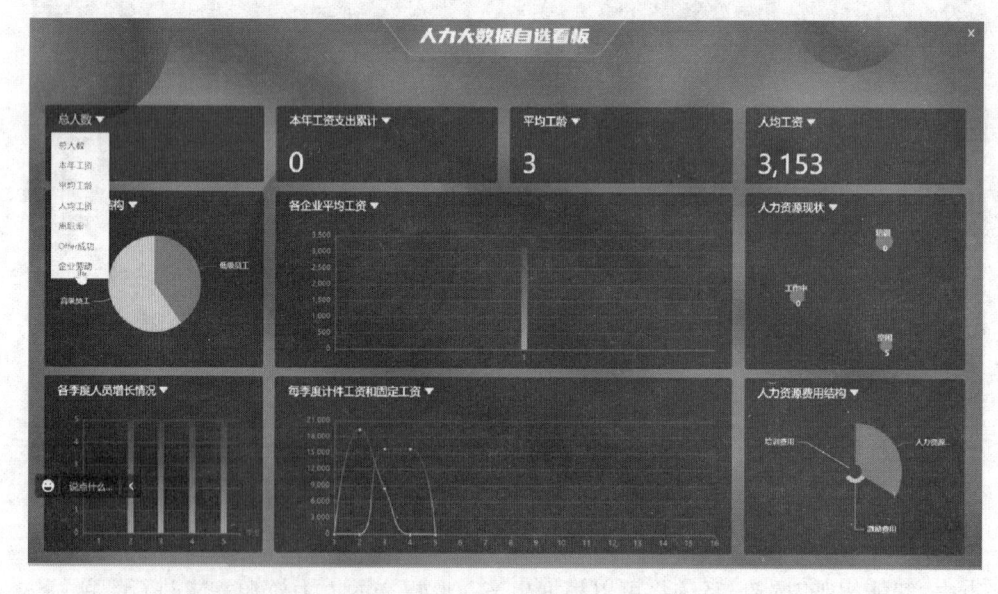

图 3-30 人力大数据自选看板

四、生产总监操作

"生产总监"界面右侧包含"人""机""料""法""研"几个功能按钮,如图3-31所示。

图3-31 "生产总监"界面

(一)"工人管理"界面

点击"人"按钮,进入"工人管理"界面,在该界面设备管理处展示生产线信息,可以进行班次、手工工人和高级技工的安排,即可确定实际产量,如图3-32所示。

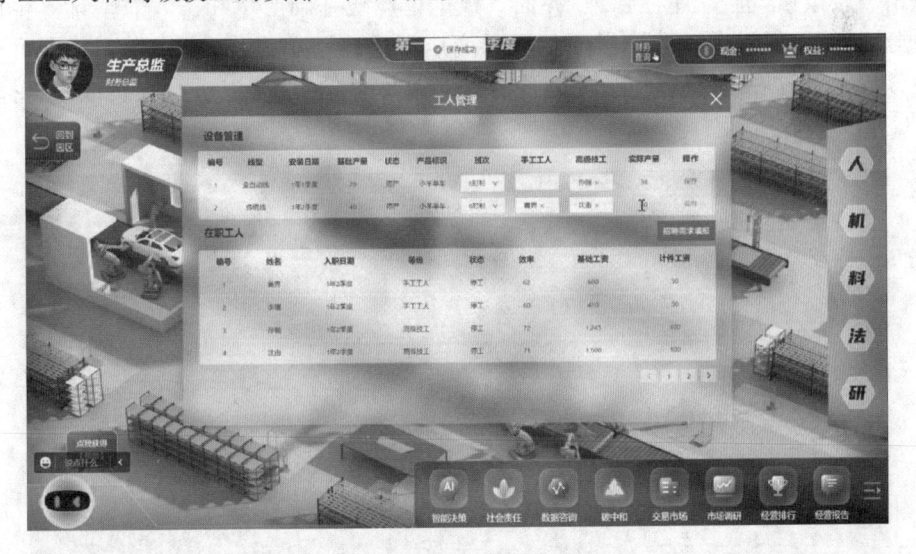

图3-32 "工人管理"界面

(二)"设备管理"界面

点击"机"按钮,进入"设备管理"界面,在该界面展示设备规则,在设备管理处可以进行生产线和产品的新增操作,最多可以建16条生产线。显示生产线类型、安装时间、产品特性名称、状态、产品标识和净值信息,可以进行生产线的拆除、更新 BOM、转产和开产操作,如图3-33所示。

图3-33 "设备管理"界面

(三)"库存管理"界面

点击"料"按钮,进入"库存管理"界面。根据生产线基础产量和工人效率计算生产线产量,并据此计算原料需求。在该界面的原料商店下进行下单操作,原材料到货即可进行生产。在该界面下方展示原料订单、原料库存和产品库存信息,可以进行收货或出售操作,如图3-34和3-35所示。

图3-34 "库存管理"界面(原料订单)

项目三　模拟企业经营管理操作

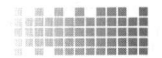

图3-35　"库存管理"界面（原料库存）

（四）"设计管理"界面

点击"法"按钮，进入"设计管理"界面，该界面展示设计规范，显示特性名称和设计费用。在设计产品时可以给产品赋予一个特性，如为小羊单车赋予外形拉风的特性，生成一个产品型号 P1(T3)，并确定其版本号，如图3-36所示。

图3-36　"设计管理"界面

（五）"研发管理"界面

点击"研"按钮，进入"研发管理"界面，在该界面展示各特性的研发费用，每个特性的研发初始值均为1，研发值影响到订单的分配。如图3-37所示，单位研发费用为100，所以每提升一个研发值就需要100元钱。其他条件相等，特性研发值高的话会优先分配订单。

105

图 3-37 "研发管理"界面

（六）"生产数字化管理"界面

在"生产总监"界面点击屏幕中间的小电脑，可以点击开启生产数字化管理，如图 3-38 所示。

图 3-38 "生产数字化管理"界面

生产数字化开启后界面中出现"智能生产"和"生产大数据"按钮，如图 3-39 所示。

项目三　模拟企业经营管理操作

图3-39　生产数字化开启后界面

点击"智能生产"按钮,进入"智能生产"界面,开启智能生产以后,系统会自动下单采购原材料,这些原材料将在当季到货。但需要注意的是,预算必须充足,同时系统可以根据生产总监提交的人力资源需求进行智能筛选,如图3-40所示。

图3-40　智能生产

点击"生产大数据"按钮,进入生产大数据自选看板。该看板展示上季度产能、产线数量、工人数量,原料库存数据,并以图形化方式展示产品生产结构、各季度总产能、各企业生产线数量对比、各季度出库入库产品数量、各特性的特性值对比以及资产构成等信息,如图3-41所示。

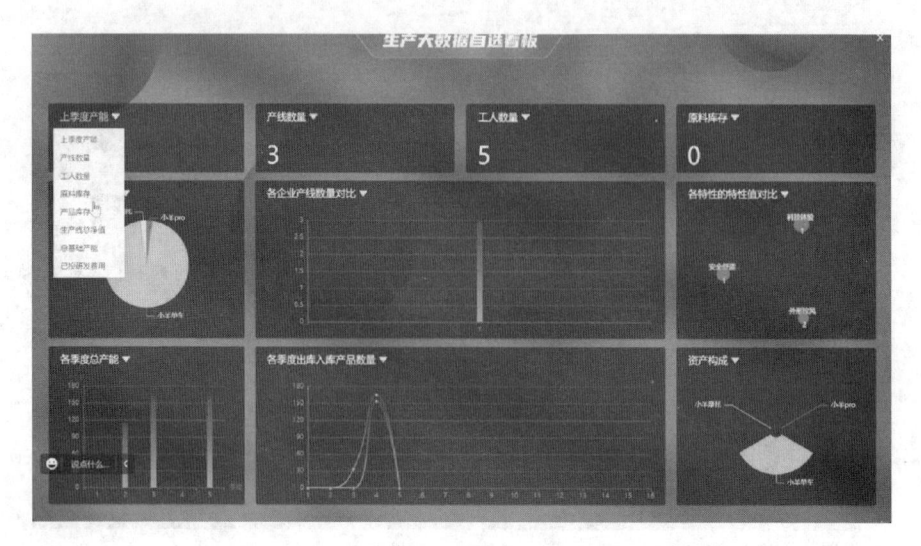

图 3-41 生产大数据自选看板

五、营销总监操作

"营销总监"界面右侧包含"渠""产""促""竞"和"售"几个功能按钮,如图 3-42 所示。

图 3-42 "营销总监"界面

(一)"渠道管理"界面

点击"渠"按钮,进入"渠道管理"界面,在该界面展示渠道规则,包括渠道名称、开拓周期和需要资金信息;在渠道管理处选择要开拓的市场,选择后开拓费用一次性缴纳,如图 3-43 所示。

图 3-43 "渠道管理"界面

(二)"产品管理"界面

点击"产"按钮,进入"产品管理"界面,在该界面展示产品资质规则和 ISO 认证规则。可以在产品资质状态处点击"申请"进行产品资质的开发。产品研发完成,可以进行生产,如图 3-44 所示。在 ISO 认证状态处点击"认证",进行 ISO 资质的认证,ISO 认证完成,获得认证资格,如图 3-45 所示。

图 3-44 "产品管理"界面(产品资质)

图 3-45 "产品管理"界面（ISO 认证）

（三）"促销管理"界面

点击"促"按钮，进入"促销管理"界面，在该界面进行广告的投放。广告投放完后，我们可以实时查看广告投放排名，如图 3-46 所示。

图 3-46 "促销管理"界面

（四）"竞单管理"界面

点击"竞"按钮，进入"竞单管理"界面，在该界面展示订单情况，可以进行选单申报，申报价格不能大于参考价,在订货会结束后可查看已分配订单的情况,如图 3-47 和图 3-48 所示。

图 3-47 "竞单管理"界面(订单申报)

图 3-48 "竞单管理"界面(已分配订单)

(五)"交付管理"界面

点击"售"按钮,进入"交付管理"界面,在该界面可以进行交货操作,如图3-49所示。

图 3-49 "交付管理"界面

（六）"营销数字化管理"界面

在"营销总监"界面点击屏幕中间的小电脑，可以点击开启营销数字化管理，营销数字化解锁时间为 2 年 1 季度，如图 3-50 所示。

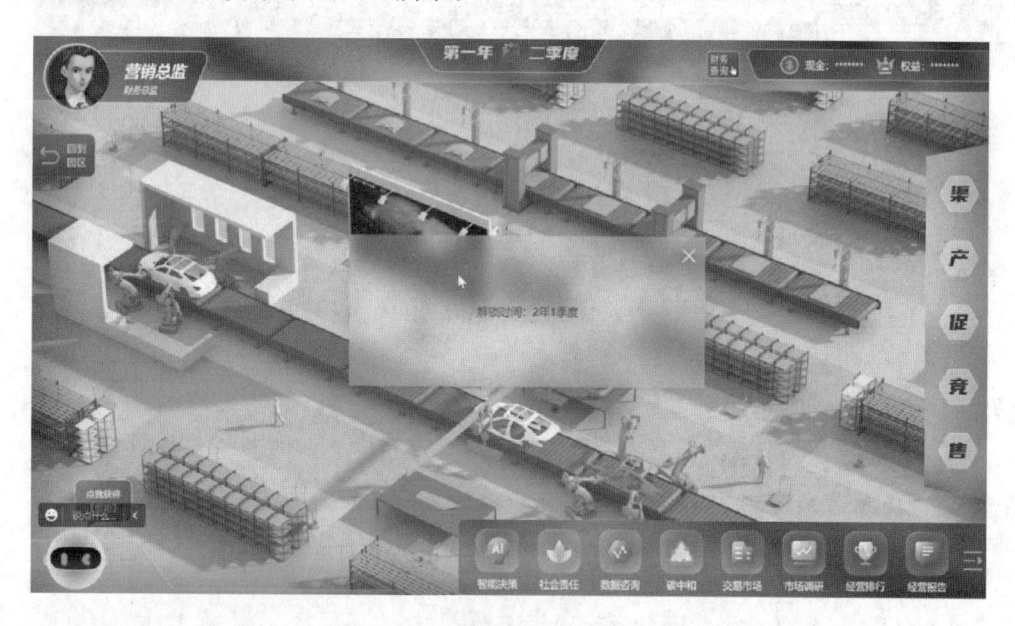

图 3-50 "营销数字化管理"界面

营销数字化开启后，界面中会出现"网络营销"和"营销大数据"按钮，如图 3-51 所示。

项目三 模拟企业经营管理操作

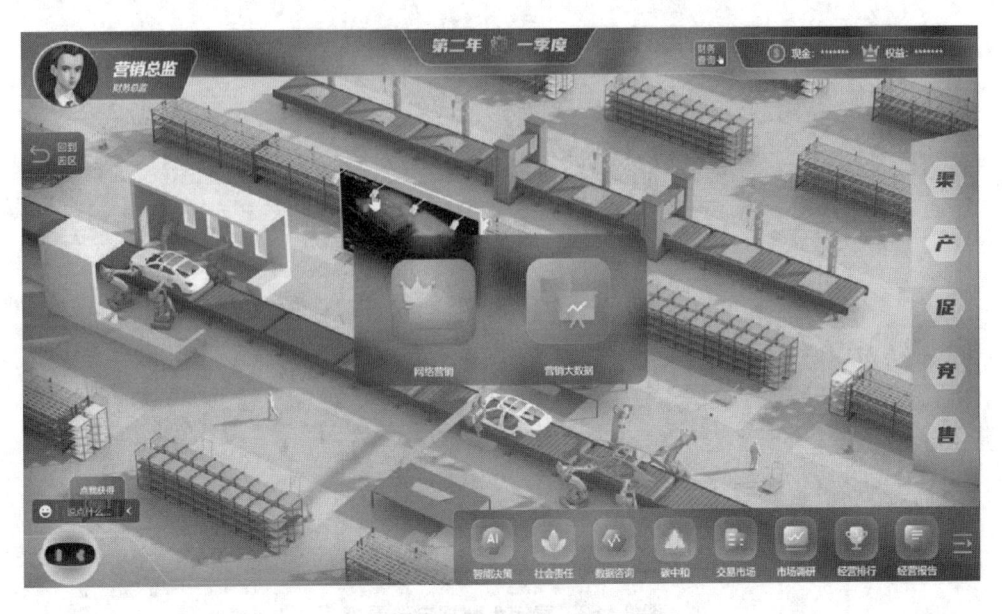

图3-51 营销数字化开启后界面

点击"网络营销"按钮,可以根据生产总监提交的人力资源需求进行智能筛选,如图3-52所示。进入"网络营销"界面,选择产品和特性,给出定价,填写投放数量,然后进行新媒体广告的投放。投放新媒体广告后会增加粉丝的数量。注意:必须在市场有需求,并且有库存的情况下投放。

图3-52 "网络营销"界面

点击"营销大数据"按钮,进入营销大数据自选看板,展示总销售额、上季度销售额、零售销售总额和上季度零售销售额等数据,并以图形化方式展示销售结构、各季度销售额、各企业销售额对比、各季度销售额和成本、资金来源统计和市场占有率信息,如图3-53所示。

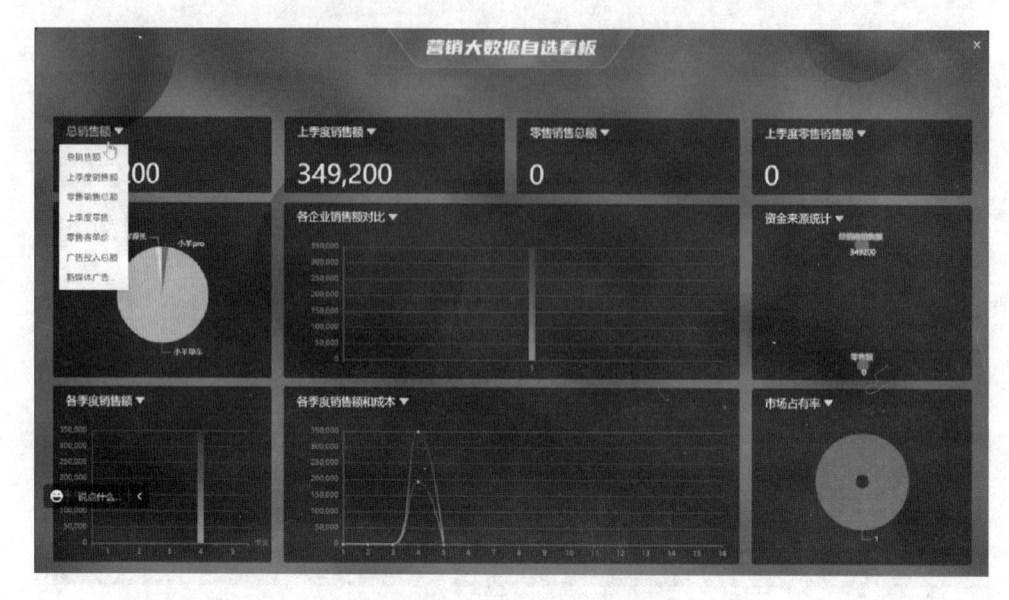

图 3-53　营销大数据自选看板

任务二　"引导年"任务

为了熟悉运营规则和平台操作,以"引导年"为例,根据任务安排进行绩效模拟,模拟企业的经营。

一、沙盘初始状态

在沙盘模拟中主要涉及的财务报表是利润表、资产负债表和现金流量表,为了配合沙盘操作,所采用的利润表和资产负债表与实际财务报表相比略有改动。

假设本年为第一年,初期只有 300 000 元现金。企业其余资产一律为空,企业的各项资产均需各学员购买,因此上年利润表为空,资产负债表仅为初始现金。

二、"引导年"操作流程

任务清单展示了本年度各个岗位所需要完成的任务和进行的操作。各岗位学员跟着教师按任务清单进行各项操作。操作时,学员应依次在任务清单中标记"√"或"×"。标记"√",表示这项工作执行完成;标记"×",表示这项工作未执行。一年四个季度,任务项目的操作顺序是由上至下。

(一) 第一季度任务清单

第一季度的任务清单如表 3-1 所示。对于任务清单上所列各项任务,除"预算控制"外可随意更换先后顺序。比如,发放完预算后,可以由人力总监进行员工招聘,生产总监先订购原材料,再由财务总监申请贷款和支付管理费用。只要每季度开始后,先由财务总监发放本季度预算即可。

表3-1 第一季度任务清单　　　　　　　　　　　　　　　　　单位:元

岗位	任务	数据	备注
财务	预算控制	营销:50 000;生产设计:304 700;人力资源:0	
财务	融资	短贷:200 000	
财务	管理费	管理费:1 500	
营销	渠道开拓	本地市场	
营销	产品资质申请	P1	
营销	ISO资质申请	ISO 9000	
营销	促销广告	本地市场 20 000	
人力资源	招聘	2个普通工人、4个高级工人	给期望工资
生产	建线	3条自动线,P1	
生产	订购原料	R1:200,R2:200	
生产	产品设计	P1T3	
生产	研发管理	T3 1→10	

(二)第二季度任务清单

第二季度任务清单如表3-2所示。

表3-2 第二季度任务清单　　　　　　　　　　　　　　　　　单位:元

岗位	任务	数据	备注
财务	预算控制	营销:40 000;生产设计:275 300,人力资源:0	
财务	融资	短贷:200 000	
财务	管理费	管理费:1 500	
营销	渠道开拓	区域市场	
营销	产品资质申请	P2	
营销	ISO资质申请	ISO 21000	
营销	选单	订单1 250个	
生产	建线	传统线,P1	
生产	原料收货	R1:200,R2:200	

续 表

岗 位	任 务	数 据	备 注
生产	工人管理	派工,保存产能	
生产	开产	更新BOM,开产	
生产	原料订货	R1:150,R2:150	
财务	付款	付款200 000	

（三）第三季度任务清单

第三季度任务清单如表3-3所示。

表3-3　第三季度任务清单　　　　　　　　　　　　　　　单位:元

岗 位	任 务	数 据	备 注
财务	预算控制	营销:0;生产设计:359 600,人力资源:30 000	
财务	融资	长贷:500 000	
财务	管理费	管理费:1 500	
人力资源	发薪	计算得出	
人力资源	激励	不足60的激励到60	
生产	原料收货	R1:150,R2:150	
生产	工人管理	派工,保存产能	
生产	开产	更新BOM,开产	
生产	原料订货	R1:150,R2:150	
生产	建线	全智能线,P1	
财务	付款	付款150 000	

（四）第四季度任务清单

第四季度任务清单如表3-4所示。

表3-4　第四季度任务清单　　　　　　　　　　　　　　　单位:元

岗 位	任 务	数 据	备 注
财务	预算控制	营销:120 000,生产设计:174 900 人力资源:25 000	
财务	管理费	管理费:1 500,贷款利息:10 000	
营销	交货	交订单	
营销	数字化	研发部署数字化营销:100 000	

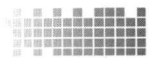

续表

岗　位	任　务	数　据	备　注
财务	收款-贴现	200 000	
营销	广告投放	自行斟酌，建议小于10万元	
人力资源	发薪	计算得出	
生产	原料收货	R1:150,R2:150	
生产	工人管理	派工,保存产能	
生产	开产	更新BOM,开产	
生产	原料订货	R1,R2,R3,R4:各150个	
财务	付款	付款150 000	

项目四

熟悉模拟企业与市场经营规则

知识目标
- 熟悉模拟企业。
- 熟悉营销总监、生产总监、财务总监和人力总监相关规则。

技能目标
- 能够运用营销总监相关规则进行经营。
- 能够运用生产总监相关规则进行经营。
- 能够运用财务总监相关规则进行经营。
- 能够运用人力总监相关规则进行经营。

技能目标
- 熟悉与企业经营相关的法律法规，树立企业经营中的守法意识。
- 培养爱岗敬业的职业情操，树立质量意识和环境保护意识。

思维导图

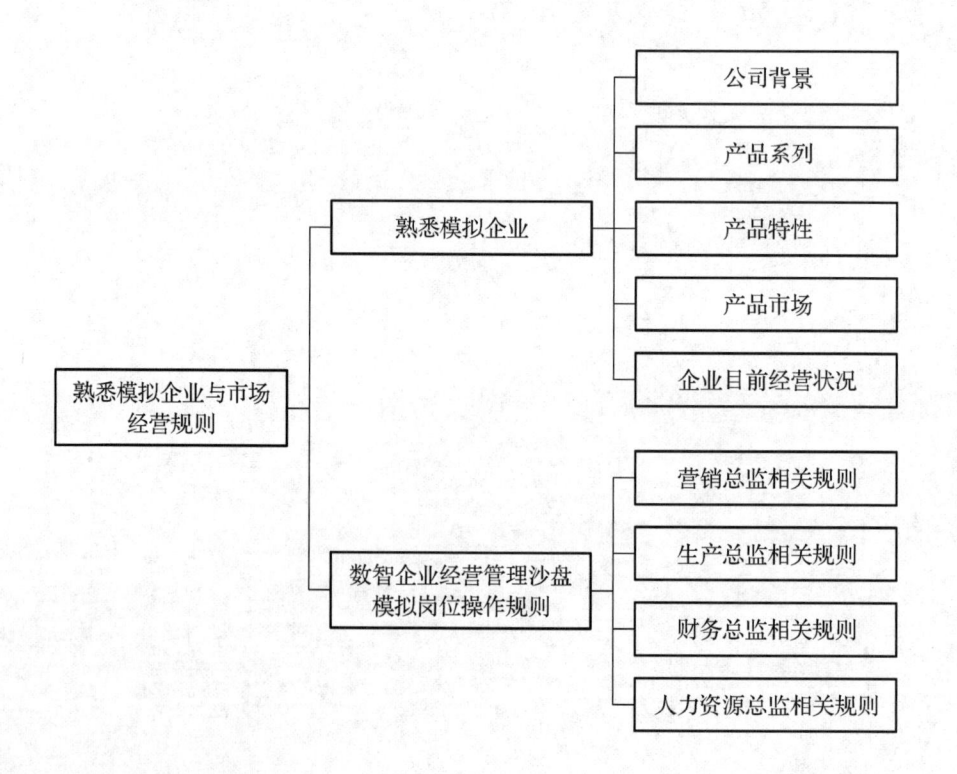

```
                            ┌── 公司背景
                            ├── 产品系列
            ┌─ 熟悉模拟企业 ─┼── 产品特性
            │               ├── 产品市场
熟悉模拟企业 │               └── 企业目前经营状况
与市场经营 ─┤
规则        │                              ┌── 营销总监相关规则
            │  数智企业经营管理沙盘         ├── 生产总监相关规则
            └─ 模拟岗位操作规则 ────────────┼── 财务总监相关规则
                                           └── 人力资源总监相关规则
```

项目四　熟悉模拟企业与市场经营规则

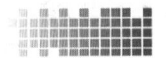

任务一　熟悉模拟企业

数智企业经营管理沙盘支持规则制定,如图4-1所示,我们可以先通过规则复制进行编辑,再按照自己的想法进行规则创作。因为规则之间差异较大,所以使用方式灵活。下面将以标准教学单车制造为例进行讲解。

图4-1　规则维护界面

一、公司背景

某单车公司是一家刚刚融资成功的摩托公司。现在某单车公司获得一笔丰厚的投资,作为启动资金。公司董事会及全体股东决定将企业交给一批优秀的新人来发展,并且希望新的管理层做到以下四点:① 投资新产品的开发,使公司的市场地位得到进一步提升;② 开发国内市场以外的其他新市场,进一步拓展市场区域;③ 扩大生产规模,采用现代化生产手段,优化成本控制,努力提高生产效率;④ 投资新技术,让企业经营进入数字化时代,加强品牌推广等。新的管理层将由参加课程的各组学员担任。小组成员将分别担任总经理、财务总监、人力总监、生产总监和营销总监角色。综合运用所学知识,充分利用数字营销工具,结合模拟公司现状与未来的市场调研结果,进行四年的公司经营。

二、产品系列

某单车公司从事的是单车制造行业。产品类型包括小羊单车、小羊摩托和小羊Pro,产品类型用P表示,分别称之为P1、P2、P3。小羊单车定义为P1产品,是当前市场上的主导产品;小羊摩托为P2产品,是在P1技术上进行改良的产品;小羊pro是P系列产品中的高端产品,具备尖端科技。最近,一家权威机构对该行业的发展前景进行了预测,认为P系列产品将会从目前相对低水平的产品发展为高技术产品。

三、产品特性

系统新增加了产品的特性,针对不同的技术,配置不同T系列的图样,分别称之为T1、

T2、T3。例如,小羊单车三种特性分别是安全舒适、外形拉风、科技体验。训练时称谓上做了简单处理,如 P1+T1 产品。目前生产的 P1 产品在当地市场知名度很高,客户也很满意。同时,企业拥有自己的厂区,生产设备齐全,运行状态良好。

四、产品市场

目前,模拟企业某单车公司面临的市场有 3 个,分别是国内市场(在培训中一般指本国市场)、亚洲市场(在培训中一般指比国内市场大一些的市场)、国际市场(在培训中,一般指三个市场中最大的市场)。以上各个市场是互不包含的,每个市场有各自的销售需求。

五、企业目前经营状况

沙盘训练开始时,企业的经营状况是:企业有 300 000 元现金,因企业信誉良好,最高可获得银行 900 000 元的贷款。企业目前没有生产线和能够生产的产品,一切需要新的管理层重新策划。不过目前可确定的是,企业在第一年只能生产 P1 产品,只能在国内市场进行销售。经营现状如图 4-2 所示。

初始资产负债									
现金	应收款	在制品	产成品	原材料	流动资产合计	土地与设备	在建工程	固定资产合计	资产总计
300000	0	0	0	0	300000	0	0	0	300000
长期负债	短期负债	其它应付款	应交税金	负债合计	股东资本	利润留存	年度净利	所有者权益合计	负债和所有者权益合计
0	0	0	0	0	300000	0	0	300000	300000

图 4-2 企业初始经营状况

任务二 数智企业经营管理沙盘模拟岗位操作规则

一、营销总监相关规则

(一)市场开拓

实际企业经营中,开拓一个新市场是很复杂的,要进行充分的前期准备,包括深入调研目标市场的文化、经济、法规及竞争态势,明确市场需求与潜在机会。制定详细的市场进入策略,包括产品定位、价格策略、营销渠道及品牌推广等。组建专业团队,建立本地化运营体系,确保合规经营。还需要建立有效的客户关系,及时反馈市场信息,不断优化产品与服务。通过综合考量,精准施策。

在数智企业经营管理沙盘训练中,所有活动被简化为两件事情:花钱和花时间,用于开拓新销售渠道,满足企业销售需求。只有获得市场资质后,企业才被允许在该市场销售

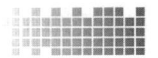

产品。标准教学规则里市场分为三种,分别是国内市场、亚洲市场和国际市场,如图4-3所示。每个市场需要花的钱和时间不同。不同市场的开拓周期不同,消耗的金钱也不同。

市场开拓

市场名称	编码	消耗金钱(元)	消耗时间(季)
国内市场	M1	10000	1
亚洲市场	M2	10000	3
国际市场	M3	30000	4

图4-3 市场开拓

企业自投入资金的季度起计时,经过一定的开发时间后,完成市场开拓,系统将自动授予企业市场资质。开拓时需要支付的资金,为一次性费用,期间无法中断和加速。例如,如果在第1年2季度开始开拓亚洲市场,则要到第2年1季才可在该市场销售产品。在实际训练中,各个小组在投放广告前应确保市场投资已经完成,否则无法获得订单。

(二)产品资质规则

产品资质是研发新产品的前提条件,当研发完成后,企业凭借相关产品资质获得生产资格。不同技术含量的产品,需要投入的研发时间和研发投资是有区别的,如图4-4所示。只有在获得认证资格后,企业才能选择具有相应资格的订单。申请产品资质时,企业需要经过一定的申请周期才能获得产品资质,只有在获得产品资质后才能生产该产品。产品资质从投入资金的季度开始计时,经过认证周期后,系统将自动授予产品认证资质。同时,产品资质所需支付的资金,为一次性费用,期间无须追加。例如,如果在第1年1季度开发小羊单车,则要到第1年2季度才可获得该产品生产资格。并且,决策者可以随时决定是否进行投资,一旦投资则无法撤回。

产品生产资质

产品名称	消耗时间(季)	消耗金钱(元)
小羊单车	1	10000
小羊摩托	2	20000
小羊pro	4	50000

图4-4 产品资质

(三)ISO资质规则

随着中国加入WTO,客户的质量意识及环境意识越来越清晰。经过一定时间的市场孕育,这些潜在信息最终会反映在客户订单中。ISO是个质量认证,是一个市场的准入资格,是一个强制性要求,只有获得认证资格,才允许选取有该资格的订单。企业要进行ISO认证,需要经过一段时间并消耗一定费用,如图4-5所示。ISO认证以投入资金的季度开始计时,经过认证周期之后,完成认证。投资认证到期后,系统自动授予产品认证资质,例如,第1年2季度认证ISO 9000,则在第1年3季度才可使用该资格。认证ISO资金,一次性扣除,企业无法中断或加速。

质量认证

认证名称	认证编码	消耗金钱(元)	消耗时间(季)
ISO9000	RZ1	10000	1
ISO21000	RZ2	10000	3
ISO26000	RZ3	20000	4

图 4-5 ISO 资质

每年每季在操作"渠道管理""产品研发"和"ISO认证"投资时,决策者需要决定是否投资,如果决定投资,直接点击页面中相应按钮即可。

(四)订货大会与促销广告

所谓订货大会,就是产品生产商和产品需求方双方进行协商,并签订销售合同的过程。在数智企业经营管理沙盘模拟中,销售通过"订货大会"的形式进行。对于生产厂商而言,就是拿到销售订单,这在沙盘模拟中也叫作"竞单"。

模拟企业参加订货大会、拿到销售订单的操作可在"制订广告方案参加订货大会"步骤前的任意时间执行。拿到销售订单的前提是各组提交广告投入计划方案。

制订广告计划就是各组在"促销管理"页面填写自己组的广告投入资金数值。投放广告需注意以下几点:

(1)促销广告用于提升某一市场的企业知名度。企业知名度是计算分单得分的一个因素,得分越高者,越有选单的优先权;越靠前选单的企业,越容易分到想要的订单。

(2)促销广告分市场投放,每个市场投放的广告只影响本市场当季的企业知名度得分。

(3)投放时,不同市场内的订单不同,应分市场投放,各市场互不影响。

(4)投放的广告有时效性,投放完成的广告只能用于一次选单,选单结束广告清零。

(5)广告投放额度与企业知名度占比为1:1,企业知名度越高,企业越有机会获得该市场的订单。只有拥有市场资质才有机会获得该市场的订单。促销广告有效期为一次竞单,竞单后知名度归零。

(6)当前排名默认为1,当前排名随着其他企业投放促销广告上下浮动,也可通过投放促销广告的方式提高排名,排名第一的有优先获得订单权。

(7)实施投放促销广告的按钮,可在竞单开始前多次投放,总额度依次累计增加。

(五)销售订单

销售订单代表客户与生产厂商签订的协议。在页面中,主要以竞单形式体现,如图4-6所示。

项目四　熟悉模拟企业与市场经营规则

经销商订单表

年份	季度	编号	市场	产品	特性	供应商参考价格(元)	数量	交货期(季)	账期(季)	iso
1	2	1	国内市场	小羊单车	安全舒适	2500	25000	4	1	ISO9000
1	2	2	国内市场	小羊单车	外形拉风	2400	500	4	2	ISO9000
1	2	3	国内市场	小羊单车	外形拉风	2400	1000	3	1	ISO9000
1	2	4	国内市场	小羊单车	外形拉风	2400	250	4	1	ISO9000
1	2	5	国内市场	小羊单车	外形拉风	2300	2500	4	1	ISO9000
1	2	6	国内市场	小羊摩托	安全舒适	3600	250	4	1	ISO9000
1	2	7	国内市场	小羊摩托	科技体验	3500	250	4	1	ISO9000
1	2	8	国内市场	小羊摩托	科技体验	3500	1000	4	2	ISO9000
1	2	9	国内市场	小羊摩托	科技体验	3500	500	4	1	ISO9000
1	2	10	国内市场	小羊摩托	外形拉风	3400	2500	4	1	ISO9000

图 4-6　竞单列表

销售订单上标注的内容分别为订单编号、市场、产品、特性需求、参考价、数量、交货期、账期、ISO 要求、申报数量等信息,其各自的含义如下:

(1) 竞单:参加订货会,教师开启后所有企业一起竞单,销售订单为企业在"竞单"中申请并完成分配后,企业所获取的订单。

(2) 订单编号:每张订单都有一个编号,用于区分每张订单。

(3) 市场:表示该张订单属于哪个市场,即需要哪个市场的资质。

(4) 产品:表示该张订单属于哪类产品,即表示企业在交货时需要交付该类产品。

(5) 特性需求:表示该张订单需要哪个产品特性,即要交付的产品必须带有该特性。

(6) 参考价:表示经销商提供的价格,报价不得超过此价格,否则无法入围。

(7) 量:表示经销商所需要该产品的数量,可以由多家制造商满足。

(8) 交货期:表示在该季度末之前将产品交付给经销商,否则视为违约(比如交货截止期为第四季度,则需要在本年的第四季度或之前把产品交付给经销商)。

(9) 账期:表示从交货季度起算,需要经过一定时间后,才能收到经销商支付的货款。需注意它与交货期不同,这里以交货季度开始算起(如账期为 2,在第一年第四季度交货完成,则需要再经过两个季度,在第二年第二季度才能收到这笔货款)。

(10) ISO 要求:表示在申请订单时,企业必须拥有这个 ISO 资质,否则无法入围。

申报时申请的数量不得超过经销商需求的数量,申报的价格也不得超过经销商提供的价格。

(六) 竞单顺序

各模拟企业在提交广告方案之后,开始由营销总监进行竞单。竞单是要让模拟企业去竞争每一张销售订单。选手以队为单位进行订单申报,可同时进行所有市场、产品的订单申报,即选择一张订单,填写数量和价格。申请产品的数量将被显示在订单表的申报详情栏中。竞单的方式是填写"申请报价"和"申请数量"。

"申请报价"表示企业愿意以什么价格将产品销售给经销商。"申报数量"表示企业能够生产出多少产品用于销售。申报价格不得低于参考价的 90%;申报数量不得超过订单中的数量。企业可以同时对所有市场、产品的订单进行申报。当多次对同一张订单申报时，系统只接受最新一次申报的数量和价格。若在申报时填写0，则视为取消该市场的订单申报。

填写完毕，经过一段时间后，等待竞单分配。分配的规则由三个权重决定，分别为申报时填写的价格(价格)、企业投放的促销广告(知名度)、生产总监对技术的研发(技术)。

竞单规则：每张订单，综合评分越高，越容易被选中，并按照排名依次顺延，直到满足经销商需求。综合评分的公式如下：

综合得分＝知名度(即等同于广告费)＋市场占有率(初始值为1)×商誉值×(参考价－报价)＋1 000×特性值(即生产管理特性研发值)

市场占有率，表示上次在该市场获取的订单数量在该市场的百分比，网络营销的销售量不算在内。

订单入围需满足三大条件：企业须具备订单中要求的市场资质与ISO资质，且报价不得超出参考价。选单次序的确定遵循以下规则：

第一种，依据各企业的综合评分进行降序排列，无重复评分，并按照此顺序进行选单，直至满足经销商需求。

第二种，若两组企业的综合评分相同，且其申报总数量少于经销商需求量，则两组均可获得其申请的数量。

第三种，若两组企业的综合评分相同，且申报数量一致，但其总数量超出经销商需求量，则两组需均分经销商的需求量。

第四种，若两组企业的综合评分相同，但申报数量不同，且其总数量超出经销商需求，则两组均按最低的申报量进行分单。剩余的经销商需求量将按照排名顺序依次分配，直至满足所有经销商的需求。

(七) 销售交货

模拟企业在竞单中获得每张订单都必须在当年规定的季度或之前交货。具体规则如下：

(1) 订单状态。销售总监可在其"售"任务页面中查阅当年分配的所有订单，并实时查看各订单的交货状态。

(2) 所有订单均须在订单规定的交货季度之前(含当季)完成交货，且订单不可拆分进行多次交货。

(3) 若订单在交货季度截止后仍未完成交货，将产生违约金，并扣除企业1点商誉值。同时，原订单将被标记为违约状态，此时将无法再执行交货操作。

(4) 在点击"交货"时，系统判断库存中是否具备符合订单要求的产品(包括产品种类和特性)。若库存充足，将扣除相应数量的产品库存。交货完成日期即为应收账款的起始日期。

(5) 当订单处于已交货状态时，订单成本将在表格中列示。

(6) 各组在竞单中获得的每张销售订单必须在当年规定的季度或之前任意一个季度交货，此时才会产生应收账款，并在财务总监页面的"应收账款"内显示。

(7) 若未如期交货，则视为违约，扣除该张订单货款的20%。已经违约的销售订单将无法继续交货。

项目四　熟悉模拟企业与市场经营规则

二、生产总监相关规则

(一) 生产厂房、设备管理

在数智企业经营管理沙盘中使用的是厂区的概念进行模拟。厂区内包含厂房,包括主要车间、辅助用房及附属设施等,企业无须自行购买或租赁厂房。企业可直接在厂区中进行设备管理。

现实中各种制造企业的生产设备是多种多样的,包括基本生产车间和辅助生产车间,车间除了拥有生产线等机器设备外,还需要供电系统等,而在沙盘训练中将企业所有的生产设备简化为只有生产线。数智企业经营管理沙盘模型中设计的生产线有三种,分别是传统线、全自动线、全智能线。

不同的生产线生产周期是不同的。传统线需要两个季度才能生产一批产品。全自动线和全智能线一个季度就能生产一批产品。

(1) 建线:在购置新生产线时,企业需明确选择所需的生产线类型以及拟生产的产品种类。支付相应的现金后,生产线购置即告成功。

(2) 拆除:该操作意味着将现有生产线进行出售。出售价格依据生产线的"残值"而定。一旦出售成功,生产线将自动从页面上移除,同时企业现金余额将相应增加。

(3) 更新BOM:在开始生产前,更新BOM表(物料清单)是不可或缺的步骤。相当于将产品生产所需的图纸信息上传至生产线,以确保生产线能够按照正确的图纸进行生产。若产品设计图纸发生变更,企业需及时更新BOM表,否则生产线将继续沿用旧有的图纸进行生产。

(4) 转产:转产是指生产线调整,改变所生产产品品种,在沙盘规则中简化为"花钱"和"花时间"。需要注意的是:生产线转产的真正含义是由原来生产的产品品种(如小羊单车)转化为另一种产品(如小羊摩托)。这是一个很容易被误解的概念,常被误认为可以把"传统线"转化成"全自动线"。

(5) 折旧年限:为生产线需要折旧的年限。生产线建成满一年开始折旧,1年1季度建成2年1季度计提折旧。

$$折旧 = (产线净值 - 残值) \div 折旧年限$$

每年计提折旧。

(6) 开产:须具备产品资质、充足的原材料、生产线处于停产状态、配置好工人、完成BOM更新、现金充足,才能成功开产。开产表示生产线执行生产命令,一旦启动生产,在此期间无法暂停,等待一段时间后即可生产出产品。

开产时支付计件工资和开产费:

$$计件工资 = 实际产量 \times (手工工人计件工资 \times 手工工人数量 + 高级技工计件工资 \times 高级技工数量)$$

在制品成本 = 原材料成本 + 工人月薪 × 生产周期(月) + 计件工资 + 开产费

注:如传统线的生产周期为2,则这里生产周期应当按6个月计算。

开产费从产品规则表中查看,规则中为单件产品花费的开产费。

(7) 生产线规则,如图4-7所示,需要注意以下几点:

生产线											
线型名称	购买价格(元)	安装周期(季)	生产周期(季)	产量	转产周期(季)	转产价格(元)	残值(元)	维修费用(元)	需要普通工人	需要高级工人	碳排放量
传统线	50000	0	2	40	1	5000	5000	500	2	1	60
全自动线	100000	1	1	20	0	5000	15000	1500	0	1	30
全智能线	200000	2	1	30	0	0	30000	5000	0	1	20

图4-7 生产线

① 购买价格:表示获得此条生产线需要支付的价格。

② 安装周期:购买生产线后需要安装,各种生产线安装周期是不同的。其中,传统线购买后可直接使用;全自动线的安装周期为一个季度;全智能线的安装周期为两个季度。

③ 生产周期:表示生产线生产一批产品需要花费的时间。例如,传统线需要两个季度才能产出一批产品,全自动线和全智能线需要耗费一个季度才能产出一批产品。

④ 数量:表示该产品生产一次所能生产出的产品数量。此数量为基础数量,并非最终数量。生产时还需要为生产线配置工人和工时,配置成功后的实际产量要比基础数量多。

⑤ 转产周期:是指生产线转产需要花费的时间。不同的生产线转产的时间不同。生产线的等级越高,所需转产时间越短。生产线在转产期内,无法进行生产,等转产成功后才可以生产。

⑥ 转产价格:生产线转产不仅需要花时间,还需要花费资金。不同的生产线花费的资金也不一样。

⑦ 残值:生产线在使用期满时,预计能够回收的残余价值,也可以理解为生产线使用期满报废时处置资产所能收到的价款。

⑧ 维修费用:是指生产线建成后,每年维修所花费的资金。

⑨ 普通工人和高级工人:是指使用此条生产线需要的工人。越老的生产线,需要的工人越多。在配置工人时,必须严格按照规定进行配置,否则将无法启动生产。

⑩ 碳排放:不同的生产线生产一次的碳排放量不同。

(二) 工人管理

在生产时,需要为生产线配置一定数量的工人,并且选择工人的工作时长。每次生产时,需先进行工人配置。工人有两个属性用于生产:等级、效率。不同的生产线需要不同等级的工人。

工人管理最终目标的实际产能受班次和工人效率两个因素影响。参照规则,在对应的产线配置工人和班次,班次表示此生产线上生产工人的工作时长,分为8小时制和12小时制,班次不同,所产出的产能加成不同(注:12小时制,一方面工人产量加倍,另一方面工人效率加速降低)。

状态分停产、开产和转产。只有在停产状态下,才能配置班次和工人。在职工人栏列出了本企业已入职的工人,在该页面的招聘需求填报处,填写工人需求,分别包含种类(手工还是高级)、数量、效率等要求。选择与产线规则要求相等的手工工人、高级技工数量。当按规则要求配置的工人数量和种类一致时,点击"保存"将显示实际产量;如果与规则要求不符,则实际产量为0。填写完毕后该需求转接到人力资源总监页面。

实际产量由基础产量、班次、工人效率计算得出。公式为：

实际产量＝基础产量×(1＋手工工人效率÷4＋高级技工效率)×班次加成(最终结果向下取整)

式中，基础产量在生产线规则表中读取；工人效率，按照实际招聘的工人效率读取；班次加成则在班次规则表中读取。

(三) 生产费用

数智企业经营管理沙盘模型中，工人不仅有日常工资，而且随产出产品的多少，实行计件工资，则这笔费用记为生产费用。生产费用在生产产品时支付。其计算公式如下：

计件工资＝实际产量×(普通工人计件工资＋高级工人计件工资)

比如传统线实际产量为50件，则计件工资＝50×(2×50+100)＝10 000(元)。在计算工人计件工资时，应当严格按照生产线要求计算。

开产费用：用于生产前准备所需的费用(如这里有值，则存在费用产品成本＝原材料费用＋计件工资＋工人工资＋开产费用)；

开产成本：用于计算紧急采购产品的成本，如P1为800，紧急采购倍数为4，则紧急采购1个P1的成本为3 200(此成本不代表实际的产品成本，仅用于计算紧急采购产品成本价值)。

(四) 产品结构及原材料订购

1. 产品结构

企业进行产品生产时需要按照产品结构订购一定种类和数量的原材料。数智企业经营管理沙盘模型中三种产品，其原料结构如图4-8所示。产品图纸规则用于查看产品的构成。

产品图纸

产品名	产品编号	碳排放量	环保金属	天然橡胶	五金耗材	动力系统
小羊单车	P1	5	1	1	0	0
小羊摩托	P2	4	1	0	1	1
小羊pro	P3	2	0	1	1	2

图4-8 产品图纸

碳排放量为生产单件产品产生的碳排放量。碳排放量反映了企业生产活动对环境的碳足迹影响。由于实际生产过程中的碳排放涉及众多复杂因素，精确计算颇为困难，这里采用了一种简化的方法，即假定每种产品在其生产周期内会产生一个固定的碳排放量。随着产品等级的提升，其生产过程中的碳排放量往往会相应减少，体现技术进步和环保理念在产品设计与制造中的融合。

2. 特性研发

生产总监对各项特性技术进行研发，本质上是对技术水平的全面提升与精进。在决策过程中，生产总监会精心挑选那些对企业发展至关重要的技术进行重点提升，并通过调整研发资源的分配，确保这些技术项目获得充足的投入与关注。选择需要提升的技术，并调整研发值,则企业的该项技术投入会增加。技术等级高也是经销商所看重的点。研发规则的界面如图 4-9 所示。

产品设计						
特性名称	编码	成本加成	设计费用(元)	升级单位成本(元)	初始值	上限
外形拉风	T1	0	1000	100	1	500
科技体验	T2	0	1000	200	1	1000
安全舒适	T3	0	2000	300	1	1000

图 4-9 产品设计

(1) 特性与产品搭配使用,设计出最新的 BOM 表,在产品原型中选择对应的产品名称(P1、P2、P3)+特性(T1、T2、T3)即组成全新的产品。设计完成时需支付设计费用。

(2) 设计费用。设计此特性时需要花费的资金。

(3) 设计完成后生成新的版本号。每次设计需重新支付设计费用(无论之前是否设计过)。

(4) 特性,用于提升企业特性等级,有助于企业获得订单。

(5) 初始研发值:默认的研发值。

(6) 当前研发值:展示当前经营状况中企业的研发值。

(7) 单位研发费用:表示每提高 1 个研发值所需的资金,计算公式为:费用=(目标值-当前值)。

(8) 研发上限:表示每种特性最高的研发等级不可超过此等级。特性研发增加有助于企业获取订单。

(9) R1、R2、R3、R4:表示生产产品所需用到的原材料个数,此个数为单件产品的材料数量。

3. 原材料采购

原材料的采购流程细分为订货与到货两个环节。

(1) 订货阶段:此环节涉及向供应商发出原材料采购订单。鉴于原材料的送货周期,这一步骤通常需在计划生产产品的上一个季度,甚至上两个季度之前提前完成。下达原材料订单,实质上是与供应商确立采购协议的法律行为,一旦订单确认,所订购的原材料便成为企业不可撤销的采购承诺,必须予以接收。

(2) 到货阶段:随着预先设定的时间节点的到来,先前订购的原材料会在上一个季度或更早的两个季度之后送达企业。此时,企业需进行原材料的验收与入库工作,确保所订购的物资顺利接入库存系统,为后续生产提供必要的物质基础。

原材料订购到货如图 4-10 所示。

原材料					
材料名称	材料编码	基础价格(元)	数量	送货周期(季)	账期(季)
环保金属	R1	500	500000	1	0
天然橡胶	R2	500	500000	1	0
五金耗材	R3	500	500000	2	0
动力系统	R4	500	500000	2	0

图 4-10 原材料订购到货示意图

模拟企业应确保在规定的时间内,对已经抵达的原材料进行及时的收货处理,否则将视为违约行为,并会因此受到处罚,具体表现为扣除企业的一部分现金以及商誉值。对于尚未到达的原材料,则在预定的收货期限到达后,再进行相应的收货操作。值得注意的是,"收货"这一环节并不等同于支付现金给供应商,而是仅表示将处于运输途中的货物正式纳入企业的原材料库存管理中。

(五) 库存相关规则

库存相关规则如下:
(1) 库存管理分为原材料订单、原材料库存、产品库存三个模块。
(2) 基础价格(元):为购买单件材料需要支付的价格。
(3) 数量:为初始材料数量。随着企业的购买量逐渐减少,每季度刷新恢复到初始数量。
(4) 送货周期(季):订购的原材料需要经过送货周期才能收货。
(5) 账期:原材料收货后,经过账期时间支付材料费。
(6) 原料库存:展示企业拥有的原材料数量;在库存中可对材料进行出售,出售时获得原料价值80%的货款(如出现小数向下取整)。
(7) 产品库存:展示企业拥有的产品数量;可对产品进行出售,出售时获得产品价值80%的货款(如出现小数向下取整)。

(六) 生产

在数智企业经营管理的沙盘模拟训练中,生产流程划分为以下四个环节:工人配置、原料收货、更新BOM以及启动生产。在进行实际生产操作时,生产线需满足以下条件:
(1) 工人配置到位:这一步骤要求严格按照生产线的实际需求,合理配置工人的数量和种类,并确定他们的工作时长。
(2) 原材料充足:原材料是生产的基础。在启动生产前,必须确保原材料库中的存量不低于实际计划生产的产量,以确保生产线的连续性和稳定性。
(3) 更新BOM:BOM(物料清单)是指导生产的关键文件。在生产线首次生产某一产品或产品图纸发生变更时,必须及时更新BOM表,并将最新的图样传送至生产线,否则生产线将按原图纸进行生产。
(4) 现金流充足:在启动生产之前,企业还需确保自身具备生产所需的产品资质,并拥有足够的现金流以支持生产的顺利进行。一旦这些条件得到满足,即可点击"开产"按钮,进行生产。

三、财务总监相关规则

(一) 贷款

1. 贷款形式

融资管理即贷款,贷款规则如图4-11所示。贷款形式包括以下三种:

贷款规则					
贷款名称	贷款编码	额度上限(倍)	贷款时间(季)	还款方式	利率(%)
直接融资	DK1	3	1	1	5
短期银行融资	DK2	3	4	1	10
长期银行融资	DK3	3	8	2	2

图 4-11 贷款规则

(1) 长期银行融资。通常,长期贷款期限为 2 年(8 个季度),利率为 2％。教师也可以根据课程设计自己规定的贷款期限和利率。比如可以规定最长贷款期限是 4 年,这样学员在 4 年经营结束之前不需要考虑还贷款问题。在每季度执行"费用管理"步骤时,将偿还需要支付的利息。

(2) 短期银行融资。短期贷款的期限为 1 年(4 个季度),利率为 10％。在贷款期限到期,并且在每季度执行"费用管理"步骤时,将偿还需要支付的利息和本金。

(3) 直接融资。直接融资的贷款期限只有 1 个季度,利息率是 5％。贷款的下一个季度需要偿还本息。

2. 贷款额度

在贷款中涉及的一个重要问题就是"贷款额度",即可以从银行取得的贷款金额限制,本书中沙盘模型对贷款的数量限制采用的规则是"上年资产负债表所有者权益的 3 倍"。关于"贷款额度"的理解应注意以下几点:

(1) 额度上限(倍)表示贷款的最高额度,比如某模拟企业的所有者权益是 50 万元,则该模拟企业三种贷款总的贷款额度为 150 万元。

贷款上限＝上年所有者权益×额度上限(倍)

(2) 所有者权益是资产负债表中"股东资本""利润留存""年度净利"的合计。

(3) 额度是指最大贷款数量,应当包括小组前期已有的贷款。比如小组贷款额度是 150 万元,前期已经贷款 100 万元,若再申请贷款,最多只能贷 50 万元。

3. 还款方式

数智企业经营管理沙盘系统中,还款方式有两种:第一种是到期还本付息,期间无须支付利息;第二种是每季还息,到期还本。还款方式有以下两种方式:

(1) 本息同还:表示贷款到期时一次性支付本金和利息;

(2) 每季付息,到期还本:表示贷款期间需每季度支付利息,到期后偿还本金。

短贷和高利贷采用的是第一种方式,长期贷款采用的第二种方式。

(二) 增加股东投资

当模拟企业由于"现金断流",无法继续经营时,可以由教师端采取"增加股东投资"方式,按照小组能维系经营所需要的资金进行资本追加。资本追加的方式有以下两种。

1. 实践数据动态调整

通过调整实践数据直接为企业追加现金、所有者权益、产品及原材料等关键资源。具体而言,对于现金的直接追加,将直观地表现为企业现金流的增加与所有者权益的同步增长。

而对于产品及原材料的追加调整,则采取将成本折算为现金价值的方式,仅增加企业的所有者权益。

2. 企业注资

企业注资后同样增加企业的所有者权益和企业资金。值得注意的是,接受注资的企业需在未来四个季度内支付相应的利息作为资金使用的成本。

(三) 应收账款、应付账款及贴现

1. 应收账款

应收账款是指企业在正常的经营过程中因销售商品、产品、提供劳务等业务,应向购买方收取的款项。在沙盘模拟中,企业为经销商提供产品,应收账款为交付订单后产生的应收款项,到期后可直接收款,可由财务总监进行收款。

2. 应付账款

应付账款是指企业在生产产品时向供应商购买原材料,应当支付给供应商的款项,材料收货后生成应付账款。应付账款同应收账款相同,企业购买完材料时也不会直接向供应商支付货款,经过一段时间后,再支付应付款。不同的规则对应付款的要求不同,有的规则要求购买完原材料立即付款。应付账款可提前支付,不可延期,延期后系统强制扣除。

3. 贴现

贴现是指企业有应收账款但未到期时,可进行贴现操作,支付给银行部分手续费,便可立刻获得货款。贴现规则如图 4-12 所示。

贴现规则			
名称	编码	收款期(季)	贴息(%)
4季贴现	TX1	4	10
3季贴现	TX2	3	7
2季贴现	TX3	2	5
1季贴现	TX4	1	3

图 4-12 贴现规则

(1) 收款期(季):表示这笔货款还需经过收款期才能收款(需主动收款,到期后不主动收款)。

(2) 贴息(%):是指债权人在应收账期内,贴付一定利息提前取得资金的行为。不同应收账期的贴现利息不同。例如,3 季度贴现 10 000 元,则需支付 700 元($=10\,000 \times 7\%$)的贴息。

(四) 费用核算

数智企业经营管理沙盘费用规则如图 4-13 所示。

费用规则		
费用名称	费用编码	费用金额(元)
管理费用	FY1	500

图 4-13 费用规则

(1) 缴纳日常费用：如管理费、贷款本金和贷款利息。
(2) 管理费：从规则表中查看，规则中为月度管理费，缴纳时应为月度管理费×3。
(3) 贷款本金：为企业申请的贷款，到期后需要支付的本金。
(4) 贷款利息：为企业贷款的利息（如出现小数向上取整）。

（五）预算控制

预算控制用于管理各个部门的预算使用。预算控制涉及三个部门，分别为市场营销部、生产设计部、人力资源部。

应在对应部门的本季度预算中填写已预算好的金额，三个部门可以同时填写，单击"确定"按钮即为预算划拨成功，一旦确定则无法更改。

上季度预算表示该部门上季度发放的预算额度是多少；每季度预算金额会在下季度的上季度预算中显示；上季度使用中显示上季度本岗位具体使用金额；上季度使用率显示上季度资金使用金额占已调拨金额的比例，当比例<80%或>120%时，则扣除企业10 000分。只有预算使用率在80%~120%，才不会扣企业得分。

项目总监为各个部门发放的预算使用额度，每季度应当先发放预算，否则其他总监无法花费资金。运营总监在收货时，即使未实际支付材料款，这仍属于运营总监的费用，因此在发放预算时应当将其计算在内。

当预算额度用完时，可依据使用情况多次向财务总监申请预算（在申请预算页面中设置，无须各总监填写具体金额，系统自动计算），待审批通过后可使用。

四、人力总监相关规则

（一）工人招聘

数智企业经营管理沙盘系统中，将一系列复杂的因素简化为工人的工作效率、等级和期望薪资三个维度。在系统中，工人的招聘规则如图 4-14 所示。

工人招聘					
名称	编码	初始期望工资(元)	计件	每季度数量	效率(%)
手工工人	GR1	500	50	30	50
高级技工	GR2	1500	100	40	60

图 4-14 工人招聘规则

项目四 熟悉模拟企业与市场经营规则

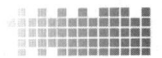

企业在进行工人招聘时,应当根据工人等级、工作效率和期望工资三个维度来判断。本着节流的原则,企业应招聘性价比更高的工人,以节约人力成本。

(1) 初始期望工资(元):表示工人平均月薪,市场中的工人月薪以此为基础上下浮动。不同的工人期望的工资不同,需要人力总监在人力资源市场进行一番筛选后,选择最适合的人才。

(2) 计件:表示工人生产时,单件产品的计件工资。

(3) 每季度数量:市场中初始的工人数量。假设 1 年 2 季度招了 30 个手工工人、40 个高级技工,则在 1 年 3 季度工人数量仍会恢复到初始数量。

(4) 效率(%):表示工人的平均效率。市场中工人效率在此基础上上下浮动 20%。

(5) offer 发放完成,可修改工人薪资,以最后一次录入的薪资为准;开出 offer 后,下季度入职,入职后下季度发放薪资。企业在为员工发放 offer 时,有以下几点需要注意:

① 当企业为员工发放的薪酬大于等于员工的期望工资时,该员工一定入职。

② 当企业为员工发放的薪酬大于等于期望工资的 70% 和小于期望工资时,该员工入职的概率为随机。

③ 当企业为员工发放的薪酬小于期望工资的 70% 时,该员工一定不会入职。

④ 人力资源市场没有竞争,工人不会随各企业提供的薪资不同而择优入职。

企业在招聘工人时,应当依据不同的策略规划薪资体系。例如,若企业预计下个季度将大幅提升生产产量,那么在本季度的招聘工作中,企业可以采取直接满足求职者期望薪资的策略。另一种策略是,企业可以设定一个相对较低的、具有灵活性的入职起薪,并据此标准广泛招募多名候选人,以此作为应对潜在入职不确定性的缓冲措施,即通过增加招聘数量来弥补可能出现的员工流失或入职拒绝的情况。

(二) 工作时长

工人入职后,工作时间的长短会影响工作效率:工作的时间越长,工作效率降低得越快。8 小时制时效率损失为 2%。当出现紧急情况,如多选订单时,可考虑配置 12 小时制,此时产量加成 1.2 倍,效率损失 50%。班次规则如图 4-15 所示。

班次规则			
班次名称	班次编码	产量加成(倍)	效率损失(%)
8时制	BC1	1	2
12时制	BC2	1.2	50

图 4-15 班次规则

(三) 员工培训

企业所招聘的工人分为两个等级:普通工人与高级工人。企业既可以通过外部招聘的方式直接吸纳所需人才,也可建立内部晋升机制,通过系统化的培训将普通工人培养成为高级工人。相较于直接从人才市场高薪聘请高级工人,企业通过内部培训的方式在成本控制上展现显著优势。普通工人经过培训晋升至高级工人后,其薪资水平通常只需在原有基础上实现翻倍,而相比之下,在人才市场上,高级工人的薪资往往是普通工人的三倍之多。因此,通过内部培训提升工人等级,能有效节约人力资源成本。如图4-16所示。

工人培训规则					
培训名称	消耗现金(元)	消耗时间(季)	原岗位	培训后岗位	工资涨幅(%)
升级培训	5000	1	GR1	GR2	100

图4-16 工人培训规则

(1)培训管理是指对低等级员工进行培训,以提升其工人等级。
(2)消耗现金(元):表示培训一个工人需要花费多少资金,为一次性费用。
(3)消耗时间(季):表示培训工人所需时间,经过此段时间后,工人等级升级。
(4)工资涨幅:表示培训后工人的工资涨薪比率,工人效率不变。
注:只有处于空闲状态的手工工人才能够参加培训,培训期间无法参与生产工作。

(四)激励

长时间工作会导致工人的工作效率逐渐降低,产能也随之下降,此时企业可通过激励、涨薪等方式来提升工人效率,从而提升产能,如图4-17所示。

员工激励		
激励名称	编码	提升效率比例(%)
激励	JL1	20
涨薪	JL2	50

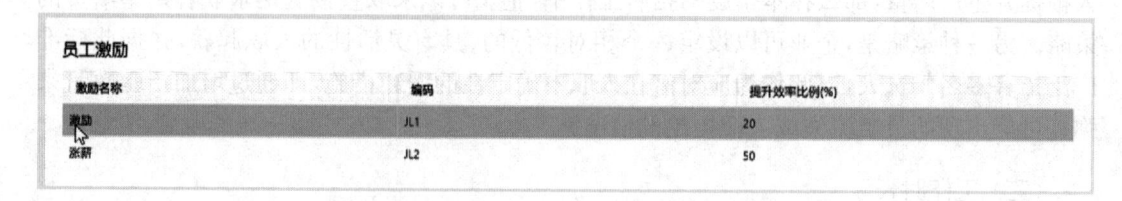

图4-17 员工激励

激励和涨薪属于两种不同的方式,不同方式提升的效率也不同。

1. 激励

激励属于一次性交易,需立即支付,对薪资无影响。即支付工人一定资金后,工人立刻提升少许效率,后期无须继续支付。

2. 涨薪

涨薪方式为增加工人的月薪,自涨薪季度起,之后每月月薪都需加上涨金额。涨薪后,工人立刻提升较多效率,且不需要立刻支付费用。

提升效率比例(%):表示每一万元所提升的工人效率,如为某一工人涨薪10 000元,其工作效率可在原有基础上提升50%。如果希望某工人通过涨薪提升1%的效率,则需为其增加200元的薪资(如有小数则向上取整)

项目五

企业经营评价

知识目标
- 了解市场占有率分析。
- 理解通过财务看经营的方法。
- 理解企业综合评价的方法。
- 熟悉模拟企业经营成果评价方式。

技能目标
- 能够进行市场占有率分析。
- 能够进行五力分析、成本结构分析、产品盈利分析和杜邦分析。
- 能够进行企业综合评价。

思政目标
- 培养学生探索知识、扎实细致、精益求精的工匠精神。
- 培养学生爱岗敬业的职业情操。
- 培养学生诚信观念、责任意识、团队意识与合作精神。

思维导图

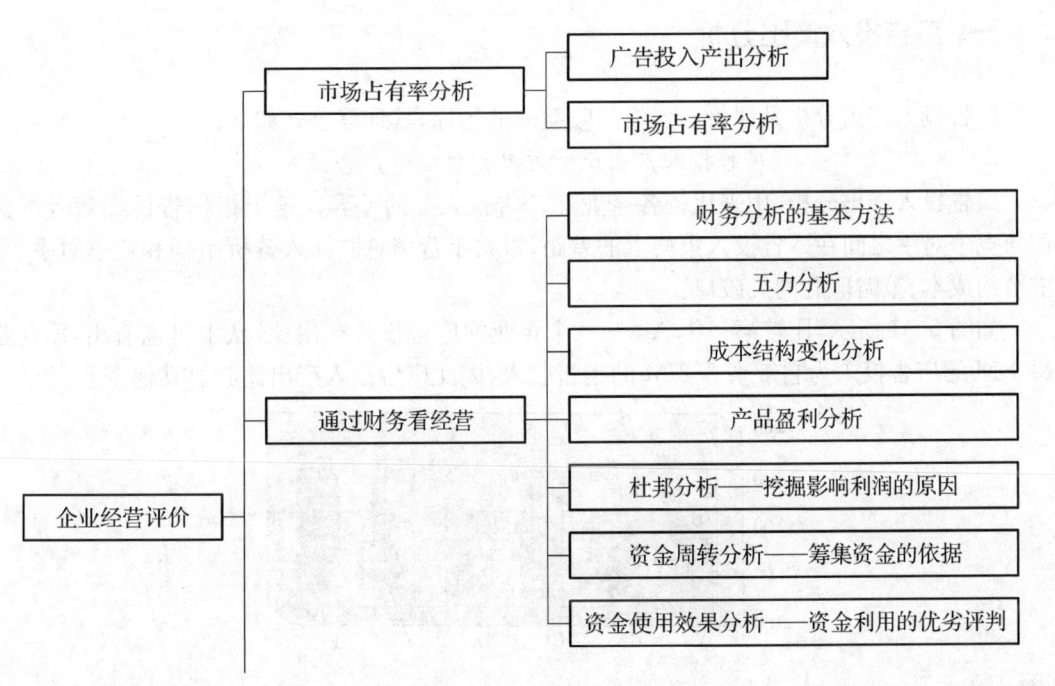

```
                        ┌─ 广告投入产出分析
         市场占有率分析 ─┤
                        └─ 市场占有率分析

                        ┌─ 财务分析的基本方法
                        ├─ 五力分析
                        ├─ 成本结构变化分析
企业经营评价 ─ 通过财务看经营 ─┼─ 产品盈利分析
                        ├─ 杜邦分析——挖掘影响利润的原因
                        ├─ 资金周转分析——筹集资金的依据
                        └─ 资金使用效果分析——资金利用的优劣评判
```

（转下页）

(接上页)

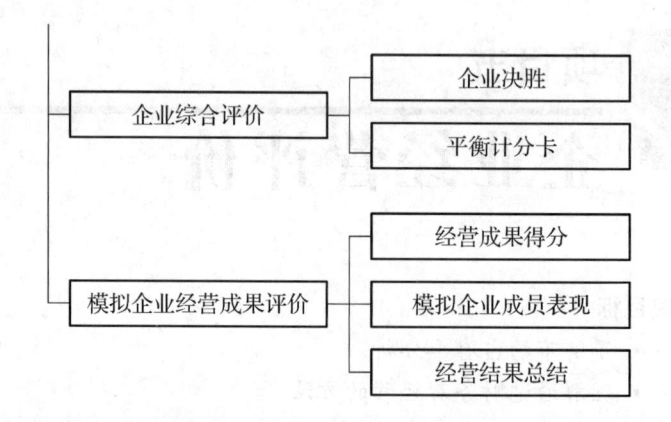

```
企业综合评价 ┬─ 企业决胜
            └─ 平衡计分卡

模拟企业经营成果评价 ┬─ 经营成果得分
                    ├─ 模拟企业成员表现
                    └─ 经营结果总结
```

企业评价是揭示企业内在价值和提供创造价值途径的行为,因而企业评价有明显的导向性。几年的经营下来,大家一定都很关注自己的业绩。本项目主要从市场角度、财务角度和综合绩效评估三个方面对企业进行评价。

任务一　市场占有率分析

谁拥有市场,谁就拥有主动权。市场的获得又与各企业的市场分析与营销计划相关。营销策划在"ERP 沙盘模拟"课程中集中体现在广告费用的投放上,因此从广告投入产出分析和市场占有率分析两个方面可以部分地评价企业的营销策略。

一、广告投入产出分析

广告投入产出分析是评价广告投入收益率的指标,其计算公式如下:

$$广告投入产出比 = 订单销售额 \div 广告投入$$

广告投入产出分析,用来比较各企业在广告投入上的差异。这个指标告诉经营者本公司与竞争对手之间在广告投入策略上的差距,以警示营销总监深入分析市场和竞争对手,寻求节约成本、策略取胜的突破口。

如图 5-1 所示,比较第一年 A~F 六个企业的广告投入产出比,从中可以看出,E 企业每 1 M 的广告投入为它带来 3.2 M 的销售收入,因此广告投入产出比胜过其他企业。

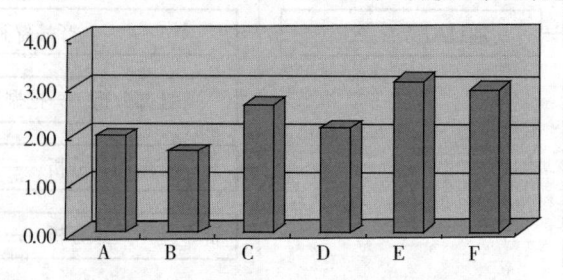

图 5-1　第一年各企业广告投入产出比

如图 5-2 所示,展示了各企业 6 年的累计广告投入产出比,从中可以看出,经过 6 年的经营,A 企业在分析市场、制订营销计划上已经有了长足的进步,其广告投入产出比已经遥遥领先于其他企业。

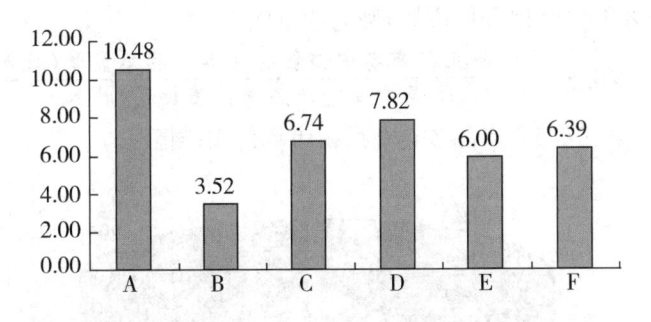

图 5-2　各企业 6 年累计广告投入产出比

二、市场占有率分析

市场占有率是企业能力的一种体现,企业只有拥有了市场才有获得更多收益的机会。

市场占有率指标可以按销售数量统计,也可以按销售收入统计,这 2 个指标综合评定了企业在市场中销售产品的能力和获取利润的能力。市场占用率分析可以在 2 个方向上展开:一是横向分析;二是纵向分析。横向分析是对同一期间各企业市场占有率的数据进行对比,用以确定某企业在本年度的市场地位;纵向分析是对同一企业不同年度市场占有率的数据进行对比,由此可以看到企业历年来市场占有率的变化,这也从侧面反映了企业成长的历程。

(一) 综合市场占有率分析

综合市场占有率是指某企业在某个市场上全部产品的销售数量(收入)与该市场全部企业全部产品的销售数量(收入)之比。如图 5-3 所示,在该市场中,A 企业因为拥有最大的市场份额而成为市场领导者。

$$某市场某企业的综合市场占有率 = \frac{该企业在该市场上全部产品的销售数量(收入)}{全部企业在该市场上各类产品总销售数量(收入)} \times 100\%$$

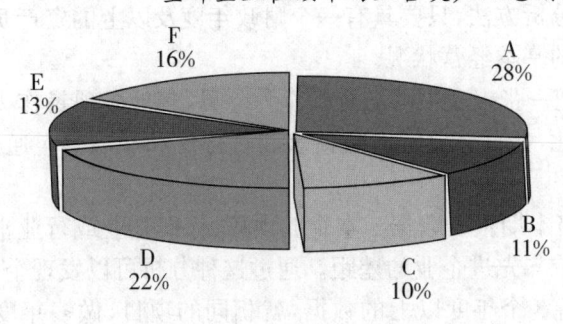

图 5-3　第 3 年各企业市场占有率

(二)产品市场占有率分析

了解企业在各个市场的占有率仅仅是第一步,只有进一步确知企业生产的各类产品在各个市场的占有率才能更好地分析市场,确立竞争优势。

$$某产品市场占有率 = \frac{该企业在市场中销售的该类产品总数量(收入)}{市场中该类产品总销售数量(收入)} \times 100\%$$

图5-4显示了第三年P2产品各企业所占市场份额详情。

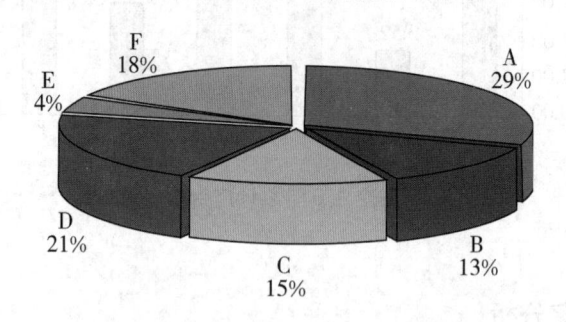

图5-4 第三年P2产品各企业占市场份额详情

任务二 通过财务看经营

不同企业经营成果的差异是由决策引起的,而决策需要以准确、集成的数据为支撑。财务是企业全局信息的集合地,是数据的主要提供者。财务提供的分析数据可以通过各种决策指导企业各项业务的开展。

一、财务分析的基本方法

财务分析的方法一般有比率分析、结构分析、比较分析和趋势分析四种。

(1)比率分析是对财务报表内2个或2个以上项目之间的关系进行分析,它用相对数表示,又称为财务比率。这些比率可以揭示企业的财务状况及经营成果。比率分析是一种简单、方便、广泛应用的分析方法,只要具有一个财政年度及以上的资产负债表和利润表,就能完整地分析一家公司的基本经营状况。

(2)结构分析是把一张报表中的总合计作为分母,其他各项目作为分子,以求出每一项目在总合计中的百分比,如百分比资产负债表和百分比利润表等。通过这种分析可以发现异常项目。

(3)比较分析是将本期报表数据与本企业预算、标杆企业或行业平均水平做对比,以找出实际与预算的差异或与先进企业的差距。通过这种分析可以发现企业自身的问题。

(4)趋势分析是将3个年度以上的数据,就相同的项目,做多年度高低走向的观察,以判断企业的发展趋势。

二、五力分析

近年来,人们常用五力分析来综合评价一个企业,五力包括收益力、成长力、安定力、活动力和生产力5个方面。如果企业的上述5项能力处于优良水平,就说明企业的业绩优良。财务上讲求定量分析,用数字说话,下面把五力分析具体到可以量化的指标上。

(一) 收益力

收益力表明企业是否具有盈利的能力。收益力可以从4个指标入手进行定量分析,它们是毛利率、销售利润率、总资产收益率和净资产收益率。

1. 毛利率

毛利率是经常使用的一个指标。在"ERP沙盘模拟"课程中,它的计算公式如下:

$$毛利率 = (销售收入 - 直接成本) \div 销售收入$$

毛利率说明了什么问题呢?理论上讲,毛利率说明了每1元销售收入所产生的利润。更进一步思考,毛利率是获利的初步指标,但利润表反映的是企业所有产品的整体毛利率,不能反映每个产品对整体毛利的贡献,因此还应该按产品计算毛利率。

2. 销售利润率

销售利润率是毛利率的延伸,是毛利减掉综合费用后的剩余与销售收入的比值。在"ERP沙盘模拟"课程中,它的计算公式如下:

$$销售利润率 = 折旧前利润 \div 销售收入 = (毛利 - 综合费用) \div 销售收入$$

本指标代表了主营业务的实际利润,反映企业主业经营的好坏。两个企业可能在毛利率一样的情况下,最终的销售利润率不同,原因就是3项费用不同的结果。

3. 总资产收益率

总资产收益率是反映企业资产的盈利能力的指标,它包含了财务杠杆概念的指标,计算公式如下:

$$总资产收益率 = 息税前利润 \div 资产合计$$

4. 净资产收益率

净资产收益率反映投资者投入资金的最终获利能力,它的计算公式如下:

$$净资产收益率 = 净利润 \div 所有者权益合计$$

这项指标是投资者最关心的指标之一,也是公司的总经理向公司董事会年终交卷时关注的指标。但它涉及企业对负债的运用。根据负债的多少,并结合企业的经营策略,所处行业特点、市场环境以及资产状况等多方面因素,可以将经营者大致分为激进型或保守型。

负债与净资产收益率的关系是显而易见的。在总资产收益率相同时,负债的比率对净资产收益率有着放大或缩小的作用。例如,有A、B两家公司,总资产相同,负债不同,假定负债年利率为10%,所得税税率为30%,比较计算相关指标如表5-1所示。

表 5-1　总资产收益率相同、负债不同的两个企业相关指标计算对比　　　　单位：百万元

企业	总资产	息税前利润	总资产收益率	负债	所有者权益	净利润	净资产收益率
A	100	20	20%	60	40	9.8	24.5%
B	100	20	20%	40	60	11.2	18.7%

（二）成长力

成长力表示企业是否具有成长的潜力，即持续盈利能力。

成长力指标由 3 个反映企业经营成果增长变化的指标组成。这三个指标分别是销售收入成长率、利润成长率和净资产成长率。

1. 销售收入成长率

这是衡量产品销售收入增长的比率指标，以衡量经营业绩的提高程度，指标值越高越好。它的计算公式如下：

$$销售收入成长率＝（本期销售收入－上期销售收入）÷上期销售收入$$

2. 利润成长率

这是衡量利润增长的比率指标，以衡量经营效果的提高程度，指标值越高越好。它的计算公式如下：

$$利润成长率＝［本期（利息前）利润－上期（利息前）利润］÷上期（利息前）利润$$

3. 净资产成长率

这是衡量净资产增长的比率指标，以衡量股东权益提高的程度。对于投资者来说，这个指标是非常重要的，它反映了净资产的增长速度，它的计算公式如下：

$$净资产成长率＝（本期净资产－上期净资产）÷上期净资产$$

（三）安定力

安定力是衡量企业财务状况是否稳定，会不会有财务危机的指标，由流动比率、速动比率、固定资产长期适配率和资产负债率，4 个指标构成。

1. 流动比率

流动比率的计算公式如下：

$$流动比率＝流动资产÷流动负债$$

这个指标体现企业偿还短期债务的能力。流动资产越多，短期债务越少，则流动比率越大，企业的短期偿债能力越强。一般情况下，运营周期、流动资产中的应收账款数额和存货的周转速度是影响流动比率的主要因素。

2. 速动比率

速动比率比流动比率更能体现企业偿还短期债务的能力。它的计算公式如下：

$$速动比率＝速动资产÷流动负债$$
$$＝（流动资产－在制品－产成品－原材料）÷流动负债$$

从公式中可以看出，在流动资产中，尚包括变现速度较慢且可能已贬值的存货，因此将流动资产扣除存货再与流动负债对比，以衡量企业的短期偿债能力。一般低于 1 的速动比

率通常被认为是短期偿债能力偏低。影响速动比率的可信性的重要因素是应收账款的变现能力,账面上的应收账款不一定都能变现,也不一定非常可靠。

3. 固定资产长期适配率

固定资产长期适配率的计算公式如下:

$$固定资产长期适配率 = 固定资产 \div (长期负债 + 所有者权益)$$

这个指标应该小于1,说明固定资产的构建应该使用还债压力较小的长期贷款和股东权益,这是因为固定资产建设周期长,且固化的资产不能马上变现。如果用短期贷款来构建固定资产,由于短期内不能实现产品销售而带来现金回笼,势必造成还款压力。

4. 资产负债率

资产负债率是反映债权人提供的资本占全部资本的比例,该指标也被称为负债经营比率。它的计算公式如下:

$$资产负债率 = 负债 \div 资产$$

负债比率越大,企业面临的财务风险越大,获取利润的能力也越强。如果企业资金不足,依靠欠债维持,导致资产负债率特别高,就应该特别注意偿债风险了。资产负债率在60%~70%,是比较合理、稳健的;当达到85%及以上时,则发出预警信号,企业应特别关注。

资产负债率指标不是绝对指标,需要根据企业本身的条件和市场情况判定。

(四) 活动力

活动力是从企业资产的管理能力方面对企业的经营业绩进行评价,主要包括4个指标:应收账款周转率、存货周转率、固定资产周转率和总资产周转率。

1. 应收账款周转率(周转次数)

应收账款周转率是在指定的分析期间内应收账款转为现金的平均次数,指标越高越好。它的计算公式如下:

$$应收账款周转率(周转次数) = 当期销售净额 \div 当期平均应收账款$$
$$= 当期销售净额 \div [(期初存货余额 + 期末存货余额) \div 2]$$

应收账款周转率越高,说明其收回越快;反之,说明营运资金过多滞留在应收账款上,影响正常资金周转及偿债能力。

周转率可以以年为单位计算,也可以以季、月、周计算。

2. 存货周转率

这是反映存货周转快慢的指标,它的计算公式如下:

$$存货周转率 = 当期销售成本 \div 当期平均存货$$
$$= 当期销售成本 \div [(期初存货 + 期末存货) \div 2]$$

从指标本身来说,销售成本越大,说明因为销售而转出的产品越多。销售利润率固定时,赚的利润就越多。库存越小,周转率越大。

这个指标可以反映企业采购、库存、生产和销售的衔接程度。衔接得好,原材料适合生产的需要,没有过量的原料,产成品(商品)适合销售的需要,没有积压。

3. 固定资产周转率

固定资产周转率的计算公式如下：

固定资产周转率＝当期销售净额÷当期平均固定资产

＝当期销售净额÷[(期初固定资产余额＋期末固定资产余额)÷2]

如果是制造业和交通运输业，要计算固定资产周转率。这项指标的含义是固定资产占用的资金参加了几次经营周转，赚了几次钱，用以评价固定资产的利用效率，即产能是否充分发挥。资产周转率越高，企业资金周转越快，赚钱的速度越快，赚的钱就越多。

4. 总资产周转率

总资产周转率指标用于衡量企业运用资产赚取利润的能力。该指标经常和反映盈利能力的指标一起使用，来全面评价企业的盈利能力。它的计算公式如下：

总资产周转率＝当期销售收入÷当期平均总资产

＝销售收入÷[(期初资产总额＋期末资产总额)÷2]

该项指标反映总资产的周转速度，周转越快，说明销售能力越强。企业可以采用薄利多销的方法，加速资产周转，带来利润绝对额的增加。

（五）生产力

生产力是衡量人力资源产出能力的指标。通过计算人均利润和人均销售来衡量收入。

（1）人均利润指标衡量人力投入与利润之间的关系。指标数值越大越好。它的计算公式如下：

人均利润＝当期利润总额÷当期平均职工人数

＝当期利润总额÷[(期初职工人数＋期末职工人数)÷2]

（2）人均销售收入指标衡量人力投入与销售收入之间的关系。指标数值越大越好。它的计算公式如下：

人均销售收入＝当期销售净额÷当期平均职工人数

＝当期销售净额÷[(期初职工人数＋期末职工人数)÷2]

生产力指标旨在说明，企业规模扩大，员工数量增加，增加的这些员工生产是否有效率。

（六）经营业绩的综合评价

经营业绩的综合评价主要目的是与行业或特定的对手相比，发现自己的差距，以便在日后的经营中加以改进。在模拟训练中，一般来说，参加训练的多个公司从事的是同一个行业，所进行的分析可以理解为同行业中的对比分析，以发现自己公司与行业的平均水平之间的差别。

计算出了企业的各项经营比率后，各项单个的数据给人的印象是散乱的，据此无法判断企业整体的经营在同行业中处于一种什么样的位置。而图表可以清晰地反映出数据的各种特征，雷达图是专门用来进行多指标体系分析的专业图表。

雷达图通常由一组坐标轴和3个同心圆构成。每个坐标轴代表一个指标。同心圆中最小的圆表示最差水平或是平均水平的1/2；中间的圆表示标准水平或是平均水平；最大的圆表示最佳水平或是平均水平的1.5倍。其中，中间的圆与外圆之间的区域称为标准区，如图5-5所示。

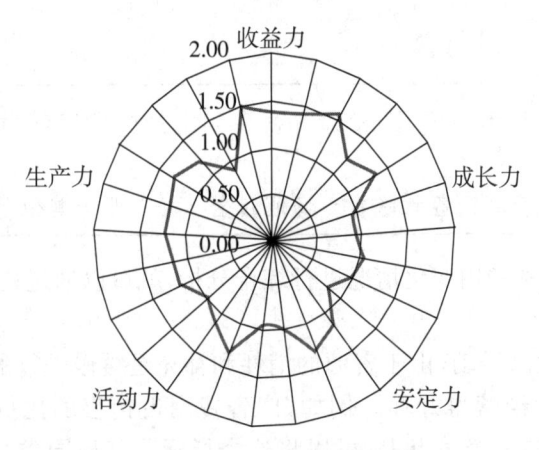

图 5-5 企业能力雷达图

在雷达图上,企业的各项经营指标比率分别标在相应的坐标轴上,并用线段将各坐标轴上的点连接起来。图中坐标 1 值为行业的平均值,如果某项指标位于平均线以内,说明该指标有待改进。而对于接近甚至低于最小圆的指标,则是危险信号,应分析原因,抓紧改进。如果某项指标高于平均线,说明该企业在相应方面具有优势。各种指标越接近外圆越好。

三、成本结构变化分析

企业经营的本质是获取利润,获取利润的途径是扩大销售或降低成本。企业成本由多项费用要素构成,了解各项费用要素在总体成本中所占的比例,分析成本结构,从比例较高的那些费用支出项入手,是控制费用的有效方法。

在"ERP 沙盘模拟"课程中,从销售收入中扣除直接成本、综合费用、折旧和利息后得到税前利润。明确各项费用在销售收入中的比例,可以清晰地指明工作方向。其计算公式如下:

$$费用比例 = 费用 \div 销售收入$$

如果将各费用比例相加,再与 1 相比,则可以看出总费用占销售的比例,如果超过 1,则说明支出大于收入,企业亏损,并可以直观地看出亏损的程度,如图 5-6 所示。

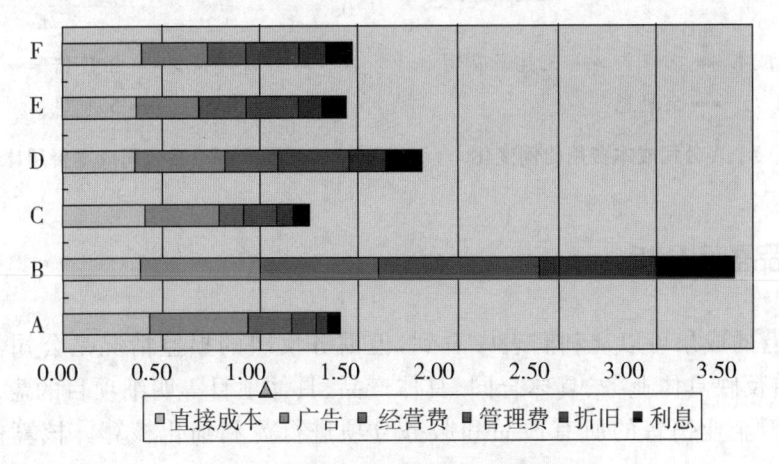

图 5-6 各企业第一年费用占销售比例

> **提示**
>
> 经营费由经常性费用组成,即扣除开发费用之外的所有经营性支出。计算公式如下:
>
> 经营费＝设备维修费＋场地租金＋转产费＋其他费用

如果将企业各年成本费用变化情况进行综合分析,就可以通过比例变化透视企业的经营状况,如图5-7所示。

企业经营是持续性的活动,由于资源的消耗和补充是缓慢进行的,所以单从某一时间点上很难评价一个企业经营得好坏。例如,广告费用占销售的比例,单以一个时点来评价,无法评价好坏。但在一个时点上,可以将这个指标同其他同类企业对比,评价该企业在同类企业中的优劣。在企业经营过程中,很可能由于在某一时点出现了问题,而直接或间接地影响了企业未来的经营活动,正所谓"千里之堤,溃于蚁穴",所以不能轻视经营活动中的每一个时点的指标状况。那么,如何通过每一时点的指标数据发现经营活动中的问题,从而引起我们的警惕呢?在这里,给出一个警示信号,这就是比例变化信号。从图5-7可以看到,第一年和第二年的各项费用比率指标均有很大的变化,这说明企业经营遇到了问题,经营的环境正在发生变化,这个信号提醒管理者要格外注意各种变化情况,及时调整经营战略和策略;在以后的年份中,各种费用的比例比较平稳,没有突变的情况,说明企业运营得比较正常。

图5-8所示的企业,其费用指标变化较大,实际上这个公司的经营一直是有问题的。

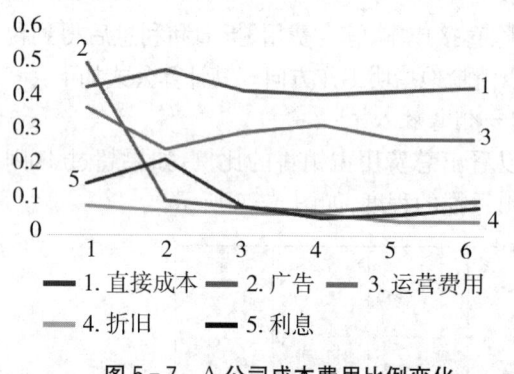

图5-7 A公司成本费用比例变化

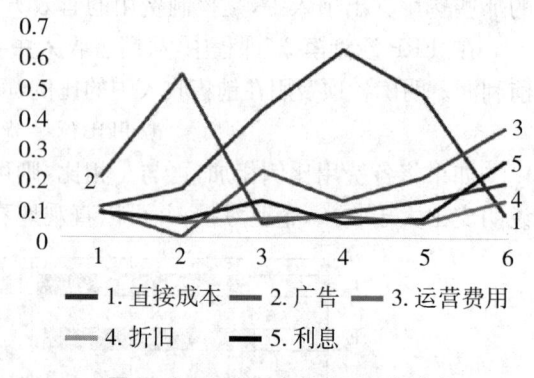

图5-8 B公司成本费用比例变化

四、产品盈利分析

企业经营的成果可以从利润表中看到,但财务反映的损益情况是公司经营的综合情况,并没有反映具体业务、具体合同、具体产品、具体项目等明细项目的盈利情况。盈利分析就是对企业销售的所有产品和服务分项进行盈利细化核算。核算的基本公式如下:

单产品盈利＝某产品销售收入－该产品直接成本－分摊给该产品的费用

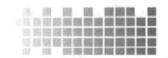

这是一项非常重要的分析,它可以告诉企业经营者哪些产品是赚钱的,哪些产品是不赚钱的。

在这个公式中,分摊费用是指不能够直接认定到产品(服务)上的间接费用。如广告费、管理费、维修费、租金和开发费等,都不能直接认定到某一个产品(服务)上,需要在当年的产品中进行分摊。分摊费用的方法有许多,传统的方法有按收入比例、按成本比例等进行分摊,这些传统的方法多是一些不精确的方法,很难谈到合理。本教材中的费用分摊是按照产品数量进行的分摊,即

某类产品分摊的费用＝分摊费用÷各类产品销售数量总和×某类产品销售的数量

按照这样的计算方法得出各类产品的分摊费用,根据盈利分析公式,计算出各类产品的贡献利润,再用利润率来表示对整个公司的利润贡献度,即

$$\frac{某类产品的贡献利润}{该类产品的销售收入} = \frac{某类产品的销售收入 - 直接成本 - 分摊给该类产品的分摊费用}{该类产品的销售收入}$$

其结果为如图 5-9 所示的产品贡献利润和如图 5-10 所示的产品利润率。

尽管分摊的方法有一定的偏差,但分析的结果可以说明哪些产品是赚钱的,是值得企业大力发展的,哪些产品赚得少或根本不赚钱。企业的经营者可以对这些产品进行更加仔细的分析,以确定企业发展的方向。

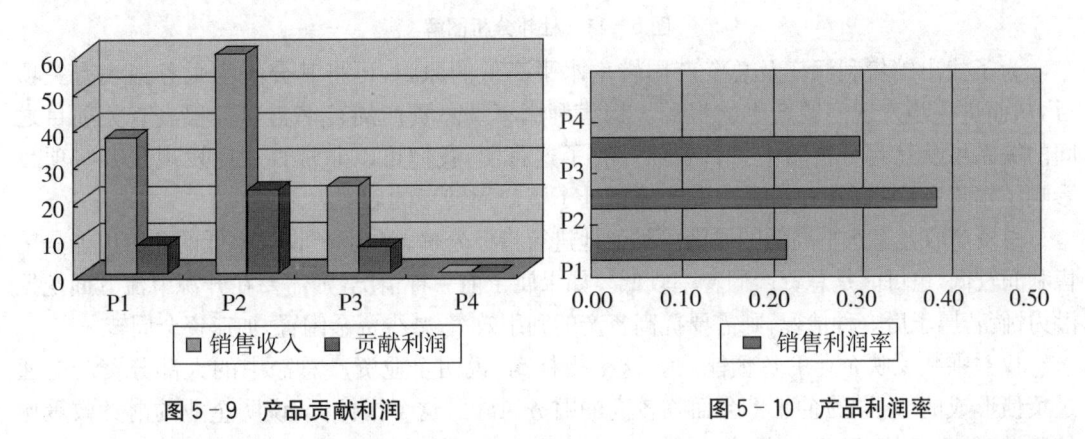

图 5-9　产品贡献利润

图 5-10　产品利润率

五、杜邦分析——挖掘影响利润的原因

财务管理是企业经营管理的核心之一,而如何实现股东财富最大化或公司价值最大化是财务管理的中心目标。任何一个公司的生存与发展都依赖于该公司能否创造价值。公司的每一个成员都负有实现企业价值最大化的责任。出于向投资者(股东)揭示经营成果和提高经营管理水平的需要,他们需要一套实用、有效的财务指标体系,以便据此评价和判断企业的经营绩效、经营风险、财务状况、获利能力和经营成果。杜邦财务分析体系就是一种比较实用的财务比率分析体系。这种分析方法最早由美国杜邦公司使用,故名杜邦分析法。

杜邦分析法利用主要的几种财务比率之间的关系来综合地分析企业的财务状况,用来评价公司盈利能力和股东权益回报水平。它的基本思想是将企业净资产收益率(ROE)逐级

分解为多项财务比率的乘积,这样有助于深入分析和比较企业经营业绩。

如图5-11所示,杜邦分析图解告诉我们,净资产收益率是杜邦分析的核心指标。任何一个投资人投资某一特定企业,其目的都是希望该企业能给他带来更多的回报,因此投资人最关心这个指标。同时,这个指标也是企业管理者制定各项财务决策的重要参考依据。通过杜邦分析,将影响这个指标的3个因素从幕后推向前台,使我们能够目睹它们的"庐山真面目"。所以,在分析净资产收益率时,就应该从分析构成该指标的3个因素入手。

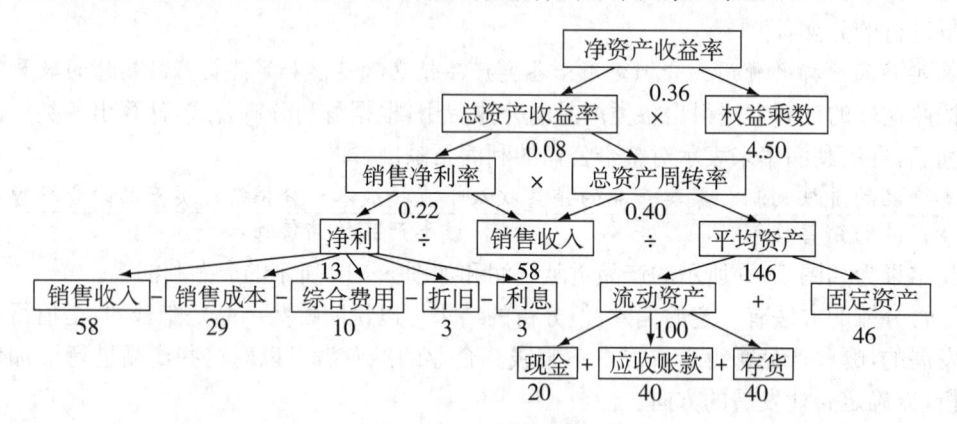

```
                          净资产收益率
                             0.36
              总资产收益率    ×    权益乘数
                  0.08                4.50
         销售净利率   ×   总资产周转率
            0.22              0.40
      净利    ÷   销售收入   ÷   平均资产
       13           58              146
销售收入─销售成本─综合费用─折旧─利息  流动资产 + 固定资产
  58      29        10       3     3      100          46
                                  现金 + 应收账款 + 存货
                                   20       40        40
```

图5-11 杜邦分析图解

为了找出销售利润率及总资产周转率水平高低的原因,可将其分解为财务报表有关项目,从而进一步发现问题产生的根源。销售利润率及总资产周转率与财务报表有关项目之间的关系可从杜邦分析图中一目了然。有了这张图,我们可以非常直观地发现是哪些项目影响了销售利润率,或者是哪个资产项目扯了资产周转率的后腿。

总资产收益率水平高低的原因可类似地进行指标分解。总资产收益率低的原因可能是销售利润较低,也可能是总资产周转率较低。如果属于前一种情况,则需要在开源节流方面挖掘潜力;倘若属于后一种情况,则需要提高资产的利用效率,减少资金闲置,加速资金周转。

权益乘数反映企业的负债能力。这个指标高,说明企业资产总额中的大部分资产是通过负债形成的,这样的企业将会面临较高的财务风险。这个指标低,说明企业的财务政策比较稳健,较少负债,风险也小,但获得超额收益的机会也不会很多。

杜邦分析既涉及企业获利能力方面的指标(净资产收益率、销售利润率),又涉及营运能力方面的指标(总资产周转率),同时还涉及举债能力指标(权益乘数),可以说杜邦分析法是一个三足鼎立的财务分析方法。

六、资金周转分析——筹集资金的依据

财务管理的目标主要与筹资管理、流动性管理及风险管理有关,其目标如下:
(1) 确保满足企业预期经营规模的资金需求。
(2) 保持充分的流动性。
(3) 将信用风险、外汇风险及利率风险控制在可接受的范围内。
(4) 利用过剩的现金进行投资来为企业盈利。

所有这些均与现金流量相关。现金流对企业来说至关重要。企业为了生存,必须获取

现金以便支付各种商品和服务的开销。理解公司现金如何循环,不仅对老板非常重要,对职员也一样。即使在非常小的公司里,如果想使其他资产占用的现金最小化,老板也需要职员的配合。图 5-12 以工程师的语言表明了公司如何使用现金,现金循环就像水流过水箱系统,部分依靠重力,部分依靠水泵。

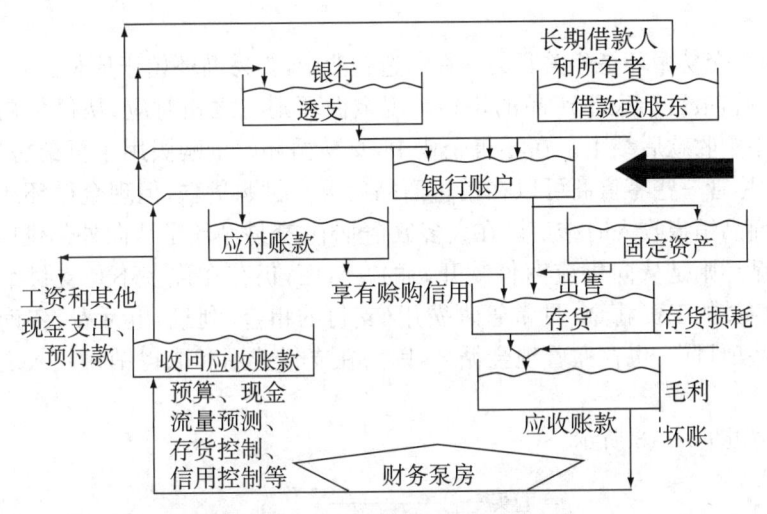

图 5-12 水箱式现金循环图

从图 5-12 中可以看出如下问题:

(1) 现金来源于何处。在公司经营初期,所有者向公司投入股本,银行向公司提供贷款或透支额度。现金流入银行账户,所有的钱都在银行账户中,不可能来源于其他地方。

(2) 重力流。花钱非常容易。现金从银行账户流出,就如同打开水龙头一样,流向固定资产和存货。一些现金由于存货的浪费而丧失。其他一小部分现金将在出售资产时收回。

也许在毫无准备的情况下,现金已经被赊销收入(应收账款)占用了。如果应收账款得不到回收而形成了坏账,也会导致现金漏出。每一个"水箱"吸收多少现金取决于如何经营公司。

(3) 毛利。销售成本是指花费在生产产品或提供服务方面的现金。销售成本加上毛利就得出资产负债表中的应收账款。毛利只增加了应收账款,并没有增加公司实际持有的现金。

(4) 泵房收回现金。当现金流通过财务控制泵房时,现金开始流回公司。泵房的动力来源于预算、现金流量预测和存货控制等。

(5) 应收账款收回现金。现金流在收回应收账款水箱临时停留。该水箱强调:只有应收账款收回时,销售收入才能变成现金。该水箱的现金将用于费用支出和填满其他水箱。

(6) 应付账款。如果你有规律地向供应商付款,应付账款将持续为存货提供融资。但是,来源于应收账款的现金一旦中断,该水箱就会因为债权人撤销信用而很快枯竭。

(7) 银行账户。最后,银行账户水箱被补充,共有 3 个供应来源:留存收益、所有者的资本、银行透支或其他贷款。

如果所有者和银行有能力而且愿意继续向公司提供额外的资金,银行和所有者水箱会得到定期补充。这些资金主要用于满足因通货膨胀造成的存货价格上涨等,对于公司扩张的需要则不予考虑。

(8) 不正常的情况。某一水箱超额占用现金会削弱他处的现金供应。由于公司的现金供应是有限的,某一水箱超额占用现金都会抽干其他水箱的现金,造成现金短缺。超额占用现金的原因可能是支出决策控制不力或无法收回应收账款。

七、资金使用效果分析——资金利用的优劣评判

现金循环与交易循环是相关联的。在制造企业中,交易循环始于原材料购买,在经过生产和产品入库后,最后结束于产品的销售。现金循环则与之相对应,从付款购买原材料开始,到从客户手中收款后结束。在零售企业中,交易循环始于购买用于再销售的商品,结束于商品销售。尽管一些零售商可以在销售商品后再支付购货款,但现金循环还是应从付款开始,到收取商品销售收入时结束。在大多数企业中,交易循环是从向外部供应商购买货物开始的,现金循环则是从向供应商付款开始的。然而,仍存在许多不是支付给供应商的付款,如支付给雇员的工资薪金、日常管理费用(支付的租金、利息、电话费、咨询费和广告费等)等。在这些项目中,也存在着现金循环,因为在支付费用和取得销售收入之间有一定的时间间隔。

现金循环如图 5-13 所示。

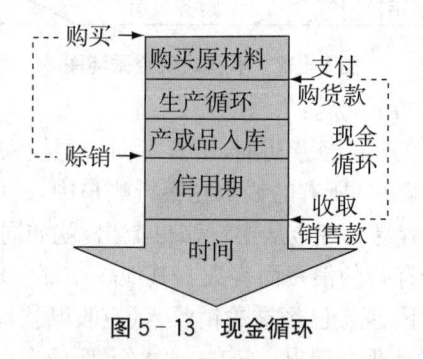

图 5-13 现金循环

现金管理要解决的问题:一是尽快取得现金收入并缩短现金循环的周期;二是保证有足够的现金来偿还到期的支出款项并且妥善利用销售收入。

任务三 企业综合评价

在日常生活中,人们往往习惯于用财务指标去衡量一个企业的业绩表现,但财务指标是一种滞后的指标,不能指示出企业的未来,并且会导致企业管理人员严重短视,阻碍对未来发展的投资,使公司丧失可持续发展能力。

一、企业决胜

在"ERP 沙盘模拟"课程中,企业评价如何接近企业的真实价值,并且反映企业未来的发展和成长性,需要集中体现在总成绩计算算法中。在综合考虑各方面因素的基础上,定义了企业决胜的算法如下:

总成绩＝所有者权益×(1＋企业综合发展潜力÷100)

企业综合发展潜力要综合考虑企业目前的资产状况、产品研发水平、市场以及所取得的认证资格等。

二、平衡计分卡

传统的基于财务报表的业绩评价制度,大多数离不开对财务指标的分析。虽然它们有助于认识企业的控制能力、获利能力、偿债能力和成长能力,但它们只能发现问题而不能提供解决问题的思路,只能做出评价而难以改善企业的状况。在现代市场竞争环境下,各种不确定因素对企业前景有着众多影响,仅仅对一些财务指标进行分析,已经难以满足企业经营管理的需要。为了使企业能够应对顾客、竞争和变化,对企业经营业绩的评价必须突破单一的财务指标,采用包括财务指标和非财务指标相结合的多元化指标体系。由此,引发了对企业综合业绩评价制度的强势需求。

综合业绩评价制度平衡计分卡(The Balanced ScoreCard,BSC)是罗伯特·卡普兰(Robert Kaplan)和戴维·诺顿(David Norton)等人从1990年开始进行的一个实地研究项目,目前已经在美国很多企业、政府和军事机构中得到应用。平衡计分卡包括财务、客户、业务流程以及学习与成长4个方面,通过这4个方面的协调及相互影响,能引导企业管理层对企业发展战略做出全方位的思考,确保日常业务运作与企业远景和经营战略保持一致。

综合业绩评价制度,将结果(如利润或现金流量)与原因(如顾客或员工满意)联系在一起。财务是最终目标,顾客是关键,企业内部业务流程是基础,企业学习与成长是核心。只有企业学习与成长了,才能持续改善企业内部业务流程,更好地为企业的顾客服务,从而实现企业最终的财务目标。综合业绩评价指标的重要性在于将战略、过程和管理人员联系在一起,提供一种综合的计划与控制系统。它是一种将超越数字的动态评价与静态评价相统一,将财务(货币)指标与非财务(非货币)指标相结合的革命性的业绩评价,也是推动企业可持续发展的业绩评价制度。

任务四 模拟企业经营成果评价

一、经营成果得分

企业模拟经营过程需要持续经营4年,从经营风尚、管理工具应用、数字化平台建设、持续经营和经营成果五个方面进行综合评判,如表5-2所示。

模拟企业最终经营得分＝经营风尚得分＋管理工具应用得分＋数字化平台建设得分＋持续经营得分＋经营成果得分

表 5-2 经营成果评分标准

评分项目	分 值
经营风尚	10 分
管理工具应用	10 分
数字化平台建设	10 分
持续经营	20 分
经营成果	50 分

（1）经营风尚得分：若企业不存在违反经营风尚的行为，则企业获得 10 分（无论企业是否破产）。

（2）管理工具应用得分：在第一、第二年年末提交报表后，系统自动计算出的战略计划完成率。

$$得分 = 5 \times 第一年完成率 + 5 \times 第二年完成率$$

$$单项完成率 = 1 - （计划值 - 实际值）\div 计划值（小于 0 则按 0 计算）$$

$$整体完成率 = 各项完成率相加 \div 平均值$$

（3）数字化平台建设得分：第三、第四年完成财务 RPA、智能生产算法、智能人力算法、数据可视化分析等四项管理技术。每项技术完成后保存，不报错，每年可得 1.25 分，全部正确最高获得 10 分。

（4）持续经营得分：完成每年经营，得 5 分。当企业的现金断流时（现金出现负值）界定为企业破产，破产企业按照实际完成经营并提交报表的年数计算得分。最终未破产企业得 20 分。

（5）经营成果得分：模拟企业经营得分。计算方式如下：

$$模拟企业经营得分 = [所有者权益 + 数智化建设得分（即为数智化建设费用）\times 10 -$$
$$扣分（即为预算控制使用率扣分）] \times 企业经营发展指数$$

其中，模拟企业经营发展指数计算方法为：

$$模拟企业经营发展指数 = 企业商誉值 \times （第四年企业权益 - 系统扣分） \times$$
$$(1 + 本年碳中和率 + 上年碳中和率)$$

二、模拟企业成员表现

岗位分工明确，各司其职，制订计划，合作愉快，组间公平竞争，各个企业的团结程度、每个成员的参与程度，包括学习态度和课堂表现、发现问题和解决问题能力、团队合作表现、项目实训报告的创新性、课程汇报、项目汇报的演讲效果等多方面表现，以及各种表格如企业运营记录表、综合费用表、利润表、现金流量预算表以及资产负债表的表格的填写等都列为企业成员的综合表现评价。

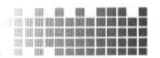

三、经营结果总结

包括个人总结和团体总结。个人总结是课程结束后每个同学上交一份实训报告，主要是对自己这几天的实践体会、经验以及应用的理论知识进行总结与归纳。团体总结则是从团队整体角度出发利用多媒体向全班同学展示并讲解，这也是经验共享的一个过程，内容涵盖本企业的企业文化、成员构成、总体战略、广告策略、市场定位、企业运营中的得失等方面的经验总结。

附录
数智企业经营岗位实战记录

实战记录 A　CEO 实战记录

_____公司

首席执行官 CEO _____

附录　数智企业经营岗位实战记录

企业经营记录表（第一年）

岗　位	经营流程	第一季	第二季	第三季	第四季
财务	缴纳所得税		✕	✕	✕
	季初现金				
	申请长贷				
	申请短贷				
	直接贷款				
	应收款更新				
	贴息				
	支付应付账款				
	偿还本金				
	支付贷款利息				
	支付管理费				
	预算控制				
	开启数字化				
人力	员工招聘				
	发放薪酬				
	员工解聘				
	员工培训				
	员工激励				
	员工涨薪				
	开启数字化				
生产	招聘需求填报				
	工人配置				
	新建生产线				
	更新BOM表				
	转产				

续 表

岗 位	经营流程	第一季	第二季	第三季	第四季
	开产		╳	╳	╳
	产线拆除				
	订购原材料				
	原料收货				
	材料出售				
	产品出售				
	图纸设计				
	特性研发				
	材料紧急采购				
	产品紧急采购				
	开启数字化				
营销	渠道开拓				
	产品研发				
	ISO资质认证				
	投放促销广告				
	竞单				
	订单交货				
	开启数字化				
季末	数据咨询				
	缴纳违约金				
	缴纳维修费用				
	产线折旧				
	季末现金				

附录　数智企业经营岗位实战记录

企业经营记录表(第二年)

岗　位	经营流程	第一季	第二季	第三季	第四季
财务	缴纳所得税		✕	✕	✕
	季初现金				
	申请长贷				
	申请短贷				
	直接贷款				
	应收款更新				
	贴息				
	支付应付账款				
	偿还本金				
	支付贷款利息				
	支付管理费				
	预算控制				
	开启数字化				
人力	员工招聘				
	发放薪酬				
	员工解聘				
	员工培训				
	员工激励				
	员工涨薪				
	开启数字化				
生产	招聘需求填报				
	工人配置				
	新建生产线				
	更新 BOM 表				
	转产				

续 表

岗 位	经营流程	第一季	第二季	第三季	第四季
	开产		✕	✕	✕
	产线拆除				
	订购原材料				
	原料收货				
	材料出售				
	产品出售				
	图纸设计				
	特性研发				
	材料紧急采购				
	产品紧急采购				
	开启数字化				
营销	渠道开拓				
	产品研发				
	ISO 资质认证				
	投放促销广告				
	竞单				
	订单交货				
	开启数字化				
季末	数据咨询				
	缴纳违约金				
	缴纳维修费用				
	产线折旧				
	季末现金				

企业经营记录表(第三年)

岗位	经营流程	第一季	第二季	第三季	第四季
财务	缴纳所得税		✕	✕	✕
	季初现金				
	申请长贷				
	申请短贷				
	直接贷款				
	应收款更新				
	贴息				
	支付应付账款				
	偿还本金				
	支付贷款利息				
	支付管理费				
	预算控制				
	开启数字化				
人力	员工招聘				
	发放薪酬				
	员工解聘				
	员工培训				
	员工激励				
	员工涨薪				
	开启数字化				
生产	招聘需求填报				
	工人配置				
	新建生产线				
	更新BOM表				
	转产				

续 表

岗 位	经营流程	第一季	第二季	第三季	第四季
	开产		✕	✕	✕
	产线拆除				
	订购原材料				
	原料收货				
	材料出售				
	产品出售				
	图纸设计				
	特性研发				
	材料紧急采购				
	产品紧急采购				
	开启数字化				
营销	渠道开拓				
	产品研发				
	ISO 资质认证				
	投放促销广告				
	竞单				
	订单交货				
	开启数字化				
季末	数据咨询				
	缴纳违约金				
	缴纳维修费用				
	产线折旧				
	季末现金				

附录 数智企业经营岗位实战记录

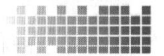

企业经营记录表(第四年)

岗 位	经营流程	第一季	第二季	第三季	第四季
财务	缴纳所得税		✕	✕	✕
	季初现金				
	申请长贷				
	申请短贷				
	直接贷款				
	应收款更新				
	贴息				
	支付应付账款				
	偿还本金				
	支付贷款利息				
	支付管理费				
	预算控制				
	开启数字化				
人力	员工招聘				
	发放薪酬				
	员工解聘				
	员工培训				
	员工激励				
	员工涨薪				
	开启数字化				
生产	招聘需求填报				
	工人配置				
	新建生产线				
	更新BOM表				
	转产				

159

续 表

岗 位	经营流程	第一季	第二季	第三季	第四季
	开产		✕	✕	✕
	产线拆除				
	订购原材料				
	原料收货				
	材料出售				
	产品出售				
	图纸设计				
	特性研发				
	材料紧急采购				
	产品紧急采购				
	开启数字化				
营销	渠道开拓				
	产品研发				
	ISO资质认证				
	投放促销广告				
	竞单				
	订单交货				
	开启数字化				
季末	数据咨询				
	缴纳违约金				
	缴纳维修费用				
	产线折旧				
	季末现金				

实战记录 B 财务总监实战记录

_____公司

财务总监_____

第一年预算表

角色	任务		类型	1季度	2季度	3季度	4季度
系统自动扣除			季初现金				
			支付所得税				
			支付维修费				
			计提折旧	( )	( )	( )	( )
项目总监			PDCA				
	融		申请长贷				
			申请短贷				
	收		应收款管理				
	付		应付款管理				
	费	费用管理	支付管理费用				
			偿还本金				
			支付利息				
			应收款贴现-贴现金额				
			应收款贴现-贴息				
			数智化平台建设				
人力总监	选用	招聘	员工招聘				
		发薪	统一发薪				
		解雇	支付赔偿金				
	育	培训	培训管理				
	留	激励	激励管理				
		涨薪	涨薪管理				
			数智化平台建设				
生产总监	人		招聘需求填报				
			工人配置				

续表

角 色	任 务		类 型	1季度	2季度	3季度	4季度
	机		新建生产线				
			拆除生产线				
			生产线转产及更新BOM				
			生产线开产				
	料		原材料下单				
			原材料入库				
			出售产成品				
			出售原材料				
	法		产品设计				
	研		特性研发				
			数智化平台建设				
营销总监	渠		渠道管理				
	产		产品资质认证				
			ISO认证				
	促		广告投放				
	竞		竞单				
	售		订单交付				
			支付违约金				
			数智化平台建设				
特殊操作			数据咨询(情报费)				
			碳中和				
			教师注资				
	交易市场		紧急采购原材料				
			紧急采购产成品				
	期末现金对账						

综合费用表(第一年)

项 目	值
管理费	
广告费	
产线维修费	
转产费	
市场开拓	
产品资质申请	
ISO 认证申请	
信息费	
产品设计费	
辞退福利	
培训费	
激励费	
人力费	
碳中和费用	
特性研发	
数字化	
合计	

利润表(第一年)

项 目	值
销售收入	
直接成本	
毛利	
综合费用	

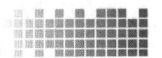

续 表

项 目	值
折旧前利润	
折旧	
支付利息前利润	
财务费用	
营业外收支	
税前利润	
所得税	
净利润	

资产负债表(第一年)

资　产		负债和所有者权益	
现金		长期负债	
应收款		短期负债	
在制品		其他应付款	
产成品		应交税金	
原材料		负债合计	
流动资产合计		股东资本	
机器与设备		利润留存	
在建工程		年度净利润	
固定资产合计		所有者权益合计	
资产总计		负债和所有者权益合计	

第二年预算表

角 色	任 务		类 型	1季度	2季度	3季度	4季度
系统自动扣除	季初现金						
	支付所得税						
	支付维修费						
	计提折旧			( )	( )	( )	( )
项目总监	PDCA						
	融	申请长贷					
		申请短贷					
	收	应收款管理					
	付	应付款管理					
	费	费用管理	支付管理费用				
			偿还本金				
			支付利息				
	应收款贴现-贴现金额						
	应收款贴现-贴息						
	数智化平台建设						
人力总监	选用	招聘	员工招聘				
		发薪	统一发薪				
		解雇	支付赔偿金				
	育留	培训	培训管理				
		激励	激励管理				
		涨薪	涨薪管理				
	数智化平台建设						
生产总监	人	招聘需求填报					
		工人配置					

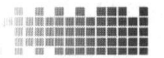

续 表

角 色	任 务		类 型	1季度	2季度	3季度	4季度
	机	新建生产线					
		拆除生产线					
		生产线转产及更新BOM					
		生产线开产					
	料	原材料下单					
		原材料入库					
		出售产成品					
		出售原材料					
	法	产品设计					
	研	特性研发					
	数智化平台建设						
营销总监	渠	渠道管理					
	产	产品资质认证					
		ISO认证					
	促	广告投放					
	竞	竞单					
	售	订单交付					
		支付违约金					
	数智化平台建设						
特殊操作	数据咨询(情报费)						
	碳中和						
	教师注资						
	交易市场	紧急采购原材料					
		紧急采购产成品					
期末现金对账							

综合费用表(第二年)

项　目	值
管理费	
广告费	
产线维修费	
转产费	
市场开拓	
产品资质申请	
ISO 认证申请	
信息费	
产品设计费	
辞退福利	
培训费	
激励费	
人力费	
碳中和费用	
特性研发	
数字化	
合计	

利润表(第二年)

项　目	值
销售收入	
直接成本	
毛利	
综合费用	

续 表

项 目	值
折旧前利润	
折旧	
支付利息前利润	
财务费用	
营业外收支	
税前利润	
所得税	
净利润	

资产负债表(第二年)

资　产		负债和所有者权益	
现金		长期负债	
应收款		短期负债	
在制品		其他应付款	
产成品		应交税金	
原材料		负债合计	
流动资产合计		股东资本	
机器与设备		利润留存	
在建工程		年度净利润	
固定资产合计		所有者权益合计	
资产总计		负债和所有者权益合计	

第三年预算表

角色	任务		类型	1季度	2季度	3季度	4季度
系统自动扣除			季初现金				
			支付所得税				
			支付维修费				
			计提折旧	( )	( )	( )	( )
项目总监			PDCA				
	融		申请长贷				
			申请短贷				
	收		应收款管理				
	付		应付款管理				
	费	费用管理	支付管理费用				
			偿还本金				
			支付利息				
			应收款贴现-贴现金额				
			应收款贴现-贴息				
			数智化平台建设				
人力总监	选用育留	招聘	员工招聘				
		发薪	统一发薪				
		解雇	支付赔偿金				
		培训	培训管理				
		激励	激励管理				
		涨薪	涨薪管理				
			数智化平台建设				
生产总监	人		招聘需求填报				
			工人配置				

续 表

角 色	任 务		类 型	1季度	2季度	3季度	4季度
	机	新建生产线					
		拆除生产线					
		生产线转产及更新BOM					
		生产线开产					
	料	原材料下单					
		原材料入库					
		出售产成品					
		出售原材料					
	法	产品设计					
	研	特性研发					
		数智化平台建设					
营销总监	渠	渠道管理					
	产	产品资质认证					
		ISO认证					
	促	广告投放					
	竞	竞单					
	售	订单交付					
		支付违约金					
		数智化平台建设					
特殊操作		数据咨询(情报费)					
		碳中和					
		教师注资					
	交易市场	紧急采购原材料					
		紧急采购产成品					
	期末现金对账						

171

综合费用表(第三年)

项 目	值
管理费	
广告费	
产线维修费	
转产费	
市场开拓	
产品资质申请	
ISO 认证申请	
信息费	
产品设计费	
辞退福利	
培训费	
激励费	
人力费	
碳中和费用	
特性研发	
数字化	
合计	

利润表(第三年)

项 目	值
销售收入	
直接成本	
毛利	
综合费用	

续 表

项 目	值
折旧前利润	
折旧	
支付利息前利润	
财务费用	
营业外收支	
税前利润	
所得税	
净利润	

资产负债表（第三年）

资　产		负债和所有者权益	
现金		长期负债	
应收款		短期负债	
在制品		其他应付款	
产成品		应交税金	
原材料		负债合计	
流动资产合计		股东资本	
机器与设备		利润留存	
在建工程		年度净利润	
固定资产合计		所有者权益合计	
资产总计		负债和所有者权益合计	

第四年预算表

角色	任务		类型	1季度	2季度	3季度	4季度
系统自动扣除			季初现金				
			支付所得税				
			支付维修费				
			计提折旧	( )	( )	( )	( )
项目总监			PDCA				
	融		申请长贷				
			申请短贷				
	收		应收款管理				
	付		应付款管理				
	费	费用管理	支付管理费用				
			偿还本金				
			支付利息				
			应收款贴现-贴现金额				
			应收款贴现-贴息				
			数智化平台建设				
人力总监	选用	招聘	员工招聘				
		发薪	统一发薪				
		解雇	支付赔偿金				
	育	培训	培训管理				
	留	激励	激励管理				
		涨薪	涨薪管理				
			数智化平台建设				
生产总监	人		招聘需求填报				
			工人配置				

续 表

角色	任务		类型	1季度	2季度	3季度	4季度
	机		新建生产线				
			拆除生产线				
			生产线转产及更新BOM				
			生产线开产				
	料		原材料下单				
			原材料入库				
			出售产成品				
			出售原材料				
	法		产品设计				
	研		特性研发				
			数智化平台建设				
营销总监	渠		渠道管理				
	产		产品资质认证				
			ISO认证				
	促		广告投放				
	竞		竞单				
	售		订单交付				
			支付违约金				
	数智化平台建设						
特殊操作	数据咨询(情报费)						
	碳中和						
	教师注资						
	交易市场		紧急采购原材料				
			紧急采购产成品				
期末现金对账							

综合费用表(第四年)

项 目	值
管理费	
广告费	
产线维修费	
转产费	
市场开拓	
产品资质申请	
ISO 认证申请	
信息费	
产品设计费	
辞退福利	
培训费	
激励费	
人力费	
碳中和费用	
特性研发	
数字化	
合计	

利润表(第四年)

项 目	值
销售收入	
直接成本	
毛利	
综合费用	

续 表

项 目	值
折旧前利润	
折旧	
支付利息前利润	
财务费用	
营业外收支	
税前利润	
所得税	
净利润	

资产负债表(第四年)

资　产		负债和所有者权益	
现金		长期负债	
应收款		短期负债	
在制品		其他应付款	
产成品		应交税金	
原材料		负债合计	
流动资产合计		股东资本	
机器与设备		利润留存	
在建工程		年度净利润	
固定资产合计		所有者权益合计	
资产总计		负债和所有者权益合计	

实战记录 C　人力总监实战记录

　　　　　　　　　　_____公司

　　　　　　　　　　　　人力总监_____

附录　数智企业经营岗位实战记录

第一年人力招聘

序　号	姓　名	等　级	基础效率	期望月薪	Offer 薪资

第一年岗位管理

序　号	姓　名	等　级	月　薪	发　薪	支付赔偿金

第一年培训管理

人 数	费 用

第一年激励管理

序 号	姓 名	等 级	基础效率	当前效率	涨 薪	激 励

第二年人力招聘

序 号	姓 名	等 级	基础效率	期望月薪	Offer 薪资

续表

序号	姓名	等级	基础效率	期望月薪	Offer薪资

第二年岗位管理

序号	姓名	等级	月薪	发薪	支付赔偿金

第二年培训管理

人数	费用

第二年激励管理

序号	姓名	等级	基础效率	当前效率	涨薪	激励

续 表

序 号	姓 名	等 级	基础效率	当前效率	涨 薪	激 励

第三年人力招聘

序 号	姓 名	等 级	基础效率	期望月薪	Offer 薪资

附录　数智企业经营岗位实战记录

第三年岗位管理

序　号	姓　名	等　级	月　薪	发　薪	支付赔偿金

第三年培训管理

人　数	费　用

第三年激励管理

序　号	姓　名	等　级	基础效率	当前效率	涨　薪	激　励

续 表

序号	姓名	等级	基础效率	当前效率	涨薪	激励

第四年人力招聘

序号	姓名	等级	基础效率	期望月薪	Offer薪资

第四年岗位管理

序号	姓名	等级	月薪	发薪	支付赔偿金

续 表

序 号	姓 名	等 级	月 薪	发 薪	支付赔偿金

第四年培训管理

人 数	费 用

第四年激励管理

序 号	姓 名	等 级	基础效率	当前效率	涨 薪	激 励

实战记录 D　生产总监实战记录

_____公司

生产总监_____

附录　数智企业经营岗位实战记录

第一年设备管理

序号	生产线类型	安装时间	产品特性	状态	产品标识	净值	操作			
							拆除	更新BOM	转产	开产

第一年原材料管理

原材料名称	剩余库存	订单1			订单2		
		数量	成本	到货时间	数量	成本	到货时间

第一年在制品统计

项目	在制品								
	P1/T1	P1/T2	P1/T3	P2/T1	P2/T2	P2/T3	P3/T1	P3/T2	P3/T3

第一年主生产计划

生产计划	产品种类	产品数量	开始时间	结束时间
第1批				
第2批				
第3批				
第4批				
第5批				

第一年产品统计

产品名称	剩余库存数量	订单1					订单2				
		数量	成本	收入	交货时间	账期	数量	成本	收入	交货时间	账期
P1/T1											
P1/T2											
P1/T3											
P2/T1											
P2/T2											
P2/T3											
P3/T1											
P3/T2											
P3/T3											

第二年设备管理

序号	生产线类型	安装时间	产品特性	状态	产品标识	净值	操作			
							拆除	更新BOM	转产	开产

第二年原材料管理

原材料名称	剩余库存	订单1			订单2		
		数量	成本	到货时间	数量	成本	到货时间

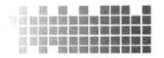

第二年在制品统计

项目	在制品								
	P1/T1	P1/T2	P1/T3	P2/T1	P2/T2	P2/T3	P3/T1	P3/T2	P3/T3

第二年主生产计划

生产计划	产品种类	产品数量	开始时间	结束时间
第 1 批				
第 2 批				
第 3 批				
第 4 批				
第 5 批				

第二年产品统计

产品名称	剩余库存数量	订单 1					订单 2				
		数量	成本	收入	交货时间	账期	数量	成本	收入	交货时间	账期
P1/T1											
P1/T2											
P1/T3											
P2/T1											
P2/T2											
P2/T3											
P3/T1											
P3/T2											
P3/T3											

第三年设备管理

序号	生产线类型	安装时间	产品特性	状态	产品标识	净值	操作			
							拆除	更新BOM	转产	开产

第三年原材料管理

原材料名称	剩余库存	订单1			订单2		
		数量	成本	到货时间	数量	成本	到货时间

第三年在制品统计

项目	在制品								
	P1/T1	P1/T2	P1/T3	P2/T1	P2/T2	P2/T3	P3/T1	P3/T2	P3/T3

第三年主生产计划

生产计划	产品种类	产品数量	开始时间	结束时间
第1批				
第2批				
第3批				
第4批				
第5批				

第三年产品统计

产品名称	剩余库存数量	订单1					订单2				
		数量	成本	收入	交货时间	账期	数量	成本	收入	交货时间	账期
P1/T1											
P1/T2											
P1/T3											
P2/T1											
P2/T2											
P2/T3											
P3/T1											
P3/T2											
P3/T3											

第四年设备管理

序号	生产线类型	安装时间	产品特性	状态	产品标识	净值	操作			
							拆除	更新BOM	转产	开产

第四年原材料管理

原材料名称	剩余库存	订单1			订单2		
		数量	成本	到货时间	数量	成本	到货时间

第四年在制品统计

项目	在制品								
	P1/T1	P1/T2	P1/T3	P2/T1	P2/T2	P2/T3	P3/T1	P3/T2	P3/T3

第四年主生产计划

生产计划	产品种类	产品数量	开始时间	结束时间
第1批				
第2批				
第3批				
第4批				
第5批				

第四年产品统计

产品名称	剩余库存数量	订单1					订单2				
		数量	成本	收入	交货时间	账期	数量	成本	收入	交货时间	账期
P1/T1											
P1/T2											
P1/T3											
P2/T1											
P2/T2											
P2/T3											
P3/T1											
P3/T2											
P3/T3											

实战记录 E　营销总监实战记录

　　　　　　　　　　　　　　　　　　_____公司

　　　　　　　　　　　营销总监_____

市场开拓

市场名称	开拓期	完成期	投入资金(元)	结束时间
国内市场				
亚洲市场				
国际市场				

产品资质管理

项 目	申请期	完成期	投入资金(元)
小羊单车			
小羊摩托			
小羊 pro			

ISO 认证管理

项 目	申请期	完成期	投入资金(元)
ISO 9000			
ISO 21000			
ISO 24000			

订单管理

订单编号	市场	产品	特性要求	参考价	数 量	交货期	账 期	ISO要求	报价	分配数量	交货情况

续 表

订单编号	市 场	产 品	特性要求	参考价	数 量	交货期	账 期	ISO要求	报 价	分配数量	交货情况

ERP 沙盘模拟实验报告范本

20__级_____专业
__组沙盘模拟实验报告

首席执行官：<u>姓名　　　　学号　　　　</u>

生产总监：　<u>姓名　　　　学号　　　　</u>

采购总监：　<u>姓名　　　　学号　　　　</u>

营销总监：　<u>姓名　　　　学号　　　　</u>

财务总监：　<u>姓名　　　　学号　　　　</u>

附录 数智企业经营岗位实战记录

20 年 月

实 验 报 告

年级： 级

学号：

姓名：

实验时间：

一、实验目的：在 ERP 模拟实习中，了解真实企业的运营过程。通过模拟企业经营运作的全过程，了解经营本质，明白企业的战略规划对企业的发展是多么重要，分别做出发展战略、生产、产品研发、营销等方面的决策；了解各个岗位在企业中的作用，了解企业的经营是多么困难，对知识的运用是何种层次的要求；了解自身的不足，努力使自己与社会要求相适应。

二、实验内容：由 4～6 位同学组成一个公司，分别担任公司的 CEO、生产总监、采购总监、财务总监、营销总监，模拟公司六年的经营，总结在模拟中的经验教训。

三、实验器材：

四、实验步骤：

五、实验结果：

模拟沙盘总结报告

一、概述

二、企业战略及实际执行状况
第一年：

第二年：

第三年：

第四年：

三、总结经验教训

参考文献

[1] 舒曼.ERP沙盘模拟实验指导书[M].3版.南京:南京大学出版社,2021.
[2] 刘平,刘业峰,张赢盈.数智沙盘模拟实训[M].北京:清华大学出版社,2023.
[3] 新道科技股份有限公司.数智企业经营管理沙盘理论与实践[M].北京:清华大学出版社,2023.
[4] 王新玲.ERP沙盘模拟高级指导教程[M].5版.北京:清华大学出版社,2023.
[5] 赵砚.ERP沙盘模拟实训教程[M].2版.北京:机械工业出版社,2022.
[6] 王友志,黄伟春.ERP沙盘实训指导教程[M].2版.上海:上海交通大学出版社,2024.
[7] 陈智崧.ERP沙盘推演指导教程(新手工+商战+数智)[M].3版.北京:清华大学出版社,2025.
[8] 崔杰,吕永霞,崔婕.ERP企业模拟经营沙盘实训教程(微课版)[M].2版.北京:清华大学出版社,2022.
[9] 李兴军,徐文胜.人力资源管理[M].北京:中国人民大学出版社,2017.
[10] 吕惠明.人力资源管理[M].北京:九州出版社,2019.
[11] 王立波.人力资源管理[M].北京:清华大学出版社;北京交通大学出版社,2017.
[12] 田晓景,闫凤霞,陈晨,等.基于杜邦分析的ERP沙盘模拟经营研究[J].河北北方学院学报(社会科学版),2018,34(03):72-75.
[13] 赵辉越,李卓,闫雯玲,等.ERP沙盘模拟实训[M].北京:清华大学出版社,2023.
[14] 刘荣锋,李雪芬.ERP沙盘模拟实训教程(双色)[M].上海:上海交大出版社,2024.